ままならぬ顔・もどかしい身体

痛みと向き合う13話

山口真美

東京大学出版会

Unconscious Biases about Faces and Bodies
Masami K. YAMAGUCHI
University of Tokyo Press
ISBN 978-4-13-013319-7

目　次

1　ガーンな身体

二〇一八年の新学期を待つ、うららかな四月のことでした。前年夏に科研費新学術領域研究「顔・身体学」が採択され、以来、大型研究の準備のため海外出張を繰り返し、三月に公募班のチームを選抜し、ようやく体制を作り上げてお披露目というところで、〝ガーン〟なことになりました。がんを宣告された瞬間の、この世が崩壊したような感覚は忘れられません。街を歩く人々と自分の間に透明なカーテンがするすると降ろされ、私は「普通の人」以外の存在となったのです。「普通の人」と自分の間には、とても遠い距離ができたように感じられました。今日と同じような日々が続くというごく普通の暮らしに、突然幕が下ろされたのです。

町医者の紹介状でのんびりと大病院に行ったら、いきなり検査のジェットコースターでした。「全身がん」まで疑われ、最悪の想定で説明を進めた主治医の判断は、今では正しかったと感謝しています。そうでもなければ、振り切れるほどの値の腫瘍マーカーを目の前にして、直面することを避けて時間稼ぎすらしていたかもしれません。いきなり追い込められ、谷底に突き落とされたような荒療治に当時は思えたのですが、とにもかくにも治療に向き合う心構えができたのです。がんとの出会いは、そんな感じでした。心配されないようお伝えしておくと、手術後、ステージⅠときわめて軽いことがわかりました。とはいえ、判明するまでのほぼ二カ月の長いことと言ったらありませんでした[1]。

病とどう向き合うか

がんは、長期の治療や観察を要する病気です。手術や治療も大変ですが、病とのつき合い方を学ぶことが必要です。特に現役世代にとって、周囲との折り合いをどうつけるかは大きいことなのです。私の場合、手術と治療スケジュールは、仕事に支障が出ないように組みました。体力を使う仕事は抗がん剤治療日の直前に入れて、仕事を終えてそのまま治療に入りました。たとえば研究費の成果発表、遠方出張や一般向けの講演会など、ストレスのかかる大きな仕事をやった翌日に病院で静かにする。それは人生の休息のようなものでした。仕事を終えた達成感とハイな気分のまま、ベッドに横たわるのです。その後、病院から一歩出たら「普通の人」を演じていました。病院の消毒液臭さや弱った気持ちを振り払うため、半ば無理やりスケジュールを入れていたのかもしれません。

そうして自分を鼓舞して、抗がん剤治療が終わった二カ月後には、海外にも飛んでいました。

今から思い返すと、無理をしてまで「普通の人」を演じる背後には、病を忘れよう、見ないようにしようという思いが強くあったのだと思います。病を抱えてマイノリティの立場になると、世間の目が気になるのです。心配してくれた人たちや仕事仲間に、病気ががんであったことを告げると、「実は、私も……」という声がなんと多かったことか！　そのほとんどが、職場で病を公表していなかったのです。職場で腫れ物にさわるような扱いになって、仕事を外されたりしたらたまらないと考えたからです。

私も、日本社会ではまだまだ女性が仕事を続けにくい上に、さらに病気を理由に仕事が来なくなるかもしれないと思うと、いたたまれない気持ちになりました。自分はどちらかと言うと理解のある研究業界に身を置いていますが、それでも大きな仕事は回してもらえないのでは……と不安にもなりました。しかし、ある経験から、職場に病気を公表することにしてみたのです。

私の場合、抗がん剤治療は通院で、カーテンで仕切られたベッドが並ぶ大部屋で行いました。人によって治療内容もかかる時間も異なり、ほぼ終日ベッドにいる人がいる一方、数時間で終わる人もいます。その大部屋で、仕事を失う恐怖を看護師さんに切々と語る若い女性患者の声を耳にし、治療後に颯爽と仕事に向かう男性患者の後ろ姿を見たのです。そして、病気の人にとっても、仕事を通じた社会とのつながりや自己実現は、この世界に生きようとするエネルギーのために大切だと改めて思って公表を決めたのです。

私はたまたま一年間の研究専念休暇に手術と治療をしたので、休み明けの四月の教授会で話す機会を得ました。細かいことは忘れてしまいましたが、おおよそこんなふうに話しました。

「研究専念休暇は、同時多発がんの発覚で、手術と抗がん剤治療に費やしました。そこで考えた結論として、今後は、病を抱えながら働く、病を持ちながらもリーダーとして働くことができる社会にするため、新しいリーダーのあり方を提案できる一人として頑張ってみたい」。

働きたいという意思を伝えたつもりが、なんだかえらそうなことになってしまいました。強気な発言は、まだ病後一年の時点で、自分を鼓舞することでなによりも病を否定していたことの裏返しのように思います。時を経るうちに、もっと考えるべきことに気づき始めました。それはまず、自分がこれまで持っていた「自身の身体感」を再構築するということです。

健康と病の境界

しかし当時は、ひたすら健康で普通な状態を目指していて、そんな中で、健康とはどんな状態なのか、健康ではないとはどういう状態なのかを考え続けていました。健康と不健康がはっきり分けられるものなのかと、疑問に思ったりもしました。今思えば、それは、自分の身体を受け入れるために必要な期間だったのです。

がん患者について考えてみると、がん細胞を持っていた時は健康ではないにしても、手術で悪い部位を切除したり、放射線療法や化学療法で対処したりします。さらに予防的治療もして、今後も予後観察のために毎年CTを撮り続ける権利を得た元患者は、普通の人よりも予防医学的には健康な生活を送っていると言ってもいいのではないでしょうか（この時点では「完治しました」とは言われないのですが）。

では、どこまで頑張れば「健康で普通の人」になれるのでしょうか。一度健康から降りたら、二度と戻れないのでしょうか。なにをもって普通とは違うと断じられるのでしょう……。考えれば考えるほど、その境界は見えなくなっていくのです。

私はそんなふうにもがきながら、「健康な普通の人」とは決定的に異なる点が自分にあることを飲み込んでいくようになりました。それは、「ある時、急にできなくなる（悪くなる）」ということです。以前であれば、しんどくなる前に、徐々に低下していく体力から限界がわかったのですが、それが全くつかめないのです。走り回っていた子どもが急に電池切れになるような状態に似ています。ある限度を超えると、急に無理な状態になる、「そろそろ限界です」と周りに伝えることができない、それがなんとも社会人として情けないように感じていました。

リンパ浮腫専門病院で配られた資料には、「引っ越しと葬儀の参列、介護は無理をしない。あきたらやめる。嫌になったらやめる。頑張らない、根を詰めない、自分の体調を優先する」「自分勝手に生きるをモットーに」とありました。リンパ浮腫は女性に多いので、年配の女性を前提とした内容です。やや極論ではありますが、周りに気を遣いすぎると自分にしっぺ返しが来ることを端的に伝えていると思います。

私の場合、気合を入れて集中すれば思ったよりも仕事ははかどるけれど、集中が途切れたところでダウン。それには気分が大いにかかわっているのです。気が向いたことには集中が続いてぐんぐんできる一方で、気の乗らないことはからっきしだめ。自分のペースでできる好きな仕事を優先するようになりました。そうしながらも、周囲から「まだ病気だ」とレッテルを貼られるのを不安に、そして不合理に思うのです。たとえ気遣いであったとしても、目の前で病気だからと断ぜられるのは納得が行かないことで、先が見えない時は傷つきました。そうして周りを気にしてくさくさする自分に対し、自己嫌悪に陥ったりするのです。

そんなふうにもがいている中で、「普通の人が決めたスケジュールに、合わせようとしている」自分に気づきました。結局のところ、社会が一人一人を病気でないと決めるのは、予定通りに仕事ができる人材かという点にあるのではないでしょうか。それに気づき、「社会にとって役に立つかどうか」で自分が算段されることに対して、もんもんとしている自分を認識したのです。しかしそういう自分も、病というレッテルを気にしている点では、社会と同じだったのです。常に健康な時の自分と比較してできないことを考えていたことや、がんと診断されたその時に「普通の人」との間にカーテンが降ろされたように感じたこと、「普通の人」のふりをすることにも、それが表れていたのだと思います。またそれは、病院に通う気分に如実に表れていました。治療終了後の数カ月おきの定期検査で病院に行く日が近づくと、鬱々とした気持ちになります。病という恐ろしい決定から逃げおおせている普通の日常から、病気の人生の続きに戻ることが怖かった。病気に再び直面する恐怖がありました。

要は、私は病気の自分と普通の自分とを別世界として切り離していたのです。病院から離れて病気を忘れて「普通の人」になり、病院に行くと病人に戻る。病院にいる私と病院の外の私は分離していたのです。こうした思いは、病を隠そうとしていた自分の心の反映だったようです。

病や死をどう受け止めるべきか

病気を分離したくなる気持ちは、なぜ生じるのでしょう。病は、自分から切り離したくなるほど嫌なことなのでしょうか。このエッセイを書いている今も、病の世界は不吉で嫌だという感情から脱することは難しいです。「棺桶に半分足を突っ込んでいる人が書いた、辛気臭いものと見られるのではないか」などと悩んだりします。

死を恐れるのは当たり前だと言われそうです。しかし、死は誰にも平等にやってくるものです。人は成長して大人になり、少しずつ老化して死んでいく。病や死は生と地続きの世界なのに、それを切り離すのはおかしな話ではないでしょうか。死や病は本来、ここまで隠すものではなかったのではないでしょうか。現代では、死や病は日常から隠され、身近な存在ではなくなっていきました。そして、いっそう不吉で触れたくないものと見なされていったのではないでしょうか。

私の専門である近代の心理学を思い返すと、程度の差はありますが、平均的な健康な心と身体を前提としています。教育心理学や臨床心理学でも、健康な心と身体を背景としているところがあります。生から地続きであるはずの、病や死の受け止め方を考えるのは、まだまだ少数派でしょう。

一方で冒頭に触れた「新学術領域研究『顔・身体学』」では、文化人類学や哲学の観点から身体を考えますが、そこから、地域・社会によって実に多様な身体の受け止め方があることを知りました。健康な身体だけを人目に触れるようにして、病や死など身体のネガティブな面を包み隠すのは、近代社会の一部の地域に限定されたことです。そしてそのことが、それぞれの社会の中のそれぞれの身体に歪みを作り出しているようにも感じます。現代社会の苦しみの一端が、そこにあるのではないでしょうか。

さらに言えば、現代に生きる人々は死や病気を忌避し、死んだ人を恐れ遠ざけます。しかし、本来は死者も生者と地続きになっていたのではないかと思うのです。実は二〇二一年のコロナ禍の合

図　恐山の風景

間に、ふと思い立って、死者と会えるという日本三大霊場の一つ、青森県の「恐山」を訪ねました。恐山と言えば、子どもの頃、心霊番組で見たようなおどろおどろしく不吉な雰囲気のする場所かと恐れていたのですが、決してそんな場所ではなく、この世にいない懐かしい人とのつながりを感じる、心安らぐ静かな場所でした（図）。改めて考えさせられたのは、人々はなにを不吉と感じ、恐れ、忌避するのかということです。死者や死んだ身体、そしてこの世に生きる私たちの身体は、ある時にはあまりにも空虚なモノとして、また、ある時にはあまりにも生身でリアルな肉体として、感じられるのではないでしょうか。それは私たちの心の揺らぎによるものだと思うのです。

そんな隠された身体をさらけ出してみようというのが本書の目的です。それぞれの人生の歩みについて、ご一緒に考えるきっかけとなる種をまいてみようと思ったのです。さて、どんな芽が出ることでしょう。お楽しみいただければ幸いです。

注

（1）ここで簡単に筆者の現状を説明しておきますと、多発性がんでいずれもステージⅠ、がんが発覚したのは要観察の定期健診のたった半年後のことでした。明細胞がんという悪いタイプの細胞があったので予防的に抗がん剤治療もしています。がんと言っても、できる場所とステージと細胞の種類によって非常に多様ですので、一つの事例と思ってください。がんの経験について私が書こうと思った動機については、後ほど少しずつふれていきます。

2 「しびれ」は幻の痛みなのだろうか

「しびれ」とは、何でしょうか。

私は二〇一八年に抗がん剤治療を受けてから末梢神経障害を抱え、手足の「しびれ」などを感じていますが、さかのぼって一〇年前の二〇〇八年には顔面神経麻痺になっていました。あまり自覚していなかったのですが、振り返ると、しびれに悩まされ続けてきたようです。

かく言う私は、視覚を中心とした知覚・認知の発達研究者です。視覚についてならば少しは詳しく語れますし、自分の視覚についてもおそらく敏感なほうなのでしょう。ちょっとでも「閃輝暗点」(1)が見えただけで、大騒ぎして病院に飛び込んだりします。ついでに言えば脳の研究にも携わっているので、めまいなど少しでも危うい兆候があると、これまた必死の形相で脳ドックを予約したりします。

しかし、視覚と比べると、末梢神経と呼ばれる末端の感覚には鈍感なほうです。いわゆる「運動神経」が鈍くて、自分の身体感覚が満足でないタイプです。小さい頃からあちこちに身体や頭をぶつけるのが日常で、タクシーに乗る時に勢いよく頭をぶつけたり、電車で吊革に頭をぶつけて恥ずかしい思いをしたりしています。机に膝や腰をぶつけるのもよくあることで、いつもどこかにあざがありました。手術をしてから、内出血しやすいのでぶつけないように医師から言われ、さすがに気をつけて行動するようになりましたが、もともと自分の身体感覚にピンと来ないのです。一方で、抗がん剤治療後の手足の先端部分の違和感は気になってたまりません。わからないけれど気になる、それが末端の感覚の特徴なのでしょうか。

痛みという主観的体験

さて、私の研究する視覚は、研究の層が厚く、つまりは研究に入りやすい分野とも言えます。様々な感覚の中でも、視覚と聴覚のメカニズムについては古くから多くの研究が行われ、知見の蓄積が大きいのです。それと比べると、熱いとか冷たいとか肌ざわりだとか、ましてや痛みといった触覚については、その感覚を受容するセンサーからして謎でした。心理学では、触覚（皮膚感覚）を調べる実験として、「触二点間弁別閾測定」があります。指先や手のひらの離れた場所二点を、先のとがった針などで刺激し、その距離を段々と縮めて二点とわかる限界の距離（弁別閾）を測るのです（図A）。指先や手のひら、上腕部など、身体の部位によって二点の弁別閾に違いがあることが確認されています。触覚の研究と言えばそんな古典的な実験が頭に浮かぶ中で、二〇二一年は、触覚研究にとって画期的な年となりました。触覚の感覚器官を解明する研究者が、視覚や聴覚の研究者と同じようにノーベル生理学・医学賞を受賞したのです。

それがデヴィッド・ジュリアス博士とアーデム・パタプティアン博士で、受賞理由は「温度受容体と触覚受容体の発見」です。中でも痛みの受容体の発見は、「痛み」という現象を考える上で興味深いものがありました。研究のきっかけとなったのは、トウガラシを食べると口の中が熱くなってヒリヒリと痛む感覚です。この原因となる辛み成分カプサイシンに反応する痛みの受容体が調べられました。その結果、痛みの受容体は温度にも反応し、辛さと熱さを感じる仕組みが同じであることが示されたのです。受賞内容の記事を読んで、まさにこれこそが、今の私が抱える問題とつながっているように思いまし

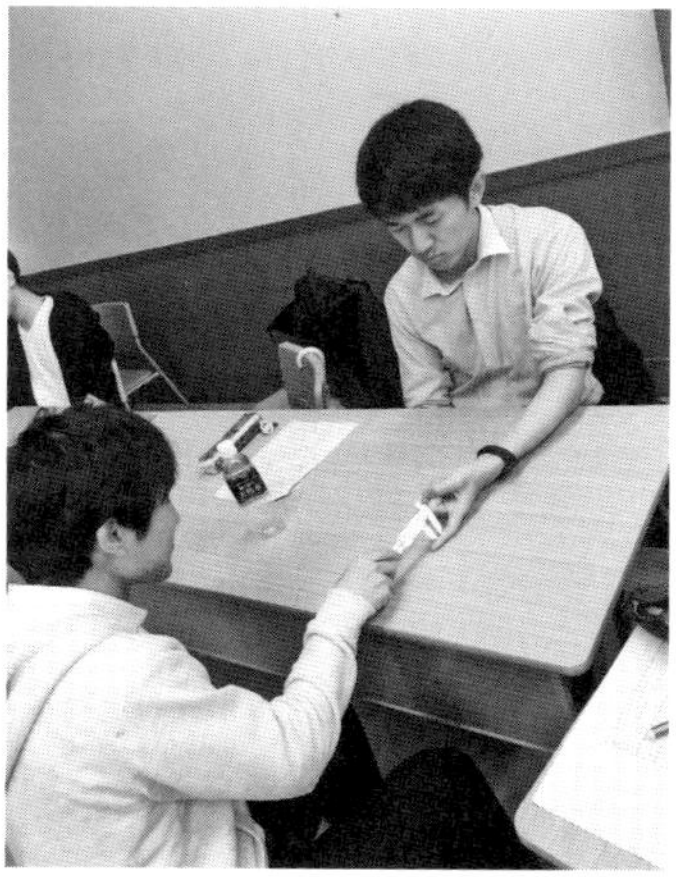

図A　身体の一部を2カ所同時に触られた時、二つであると感じる限界点から触覚の感度を調べる、ホビーノギスを用いた触二点間弁別閾測定の実習風景（提供：東京都立大学・石原正規）

た。

私の話に戻りますと、二〇一八年の六月から八月末にかけて、がん再発予防のためパクリタキセル／カルボプラチン療法（TC療法）を四回受けました。いわゆる抗がん剤治療です。カルボプラチンはその名の通り、プラチナ（白金）を含む金属化合物と聞いて、重たい気持ちになりました。開腹手術をして体力も落ちているところに（お腹も相当痛い）、待ったなしの新たな痛みとの短期決戦です。初回は薬との相性確認のため一泊入院でしたが、その後はすべて通いで一日横になって治療を受けたのです。

治療を始めて驚いたのは、抗がん剤投与の大部屋が三つもあって、ベッドや椅子がずらりと並んでいたことでした。しかも、いつもいっぱいなのです。治療に入る前に、血液検査と事前の診察と、点滴の針入れの処置を担当医にしてもらい（この針入れは緊張します。漏れると危険な液体を身体に入れていると実感する時間です）、コンビニに寄って軽い昼食と大きなペットボトルを抱えて（危険な液体はなるべく早く体外に排出しようと、たっぷり水分補給してトイレを往復していました）部屋に向かっている間にも、どんどんベッドは埋まっていくのです。

カーテンで仕切られているため、周囲の様子はわからないのですが、短時間で終わる人が多く、昼ご飯を抱えてベッドにずっといる自分は少数派のようでした。治療後、そのままスーツで仕事に行く後ろ姿も目撃しました。早々と治療を終えて病室を離れる人をついうらやましく思ってしまうのですが、長い治療を継続しているのかもしれません。同じ部屋にいても事情はそれぞれ、その中で私は、予防的治療で短期決戦という分類です。しかも六回が目安とされるところを四回でした。六回も四回も変わらないと思うでしょうが、先輩経験者に「たいていは二回くらいで心がへこむので、これで折り返しと思えるのと、同じ治療があと四回続くと思うのとでは大違い」と言われました。確かにその通りでした。

抗がん剤と言えば、吐き気で食べ物のにおいをかぐこともつらいという問題は、処方された薬で解決できたので、私の場合、副作用は、痛みの到来を待つのみでした。コロナのワクチンの副反応を待つ時の感覚を、覚えている読者はいるでしょうか。強い痛みや熱が起きることもあれば、そうでないこともある、いつ来るかもわからないし、どうにもできないことなので、ばたばたせずにゆっくり待つしかない……そんな感覚がそっくりでした。対峙すべき痛みは、だいたい三日くらいでやってきました。その間、体験漫画やネットの情報やら先輩経験者の話から想像して、不安な気持ちで待つのです。気晴らしのために人気のケーキ店まで歩いたり、回数を重ねると、車で研究室に行ったりもしました。

初めて痛みが来たその時、寝ても立っても耐えられない、これまでの人生にないほどの激痛だったはずなのですが、「あの痛みと同じだ！」とピンと来ました。骨というか足の心髄に当たるあたりが全体に痛かったのですが、それが子どもの頃に体験した痛みと全く同じように感じられたのです。もちろん子どもの頃と同じ痛みであるはずがありません。痛みとは、きわめて主観的な体験であることをまさに痛感しました。

私は小学校二年生くらいの頃、夜になるとわけのわからない足の痛みに悩まされ、この世のものとも思えぬ痛みに毎晩大泣きしていたのです。時間は深夜、朝になるとけろりとしているので、親も悩んだことでしょう。車で病院に行くと言って、車内で鎮まるのを待つことも多くありました。一人っ子だった自分に弟ができた時期とも重なっていて、そこに痛みとの関連がある気もしますが、いずれにせよ、八歳くらいの時と同じ痛みを、四五年も経過してから体験するとは思いもしませんでした。そんな大昔の痛みを記憶していたとは不思議なことです。しかも、当時の痛みはおそらく「成長痛」で、抗がん剤治療の痛みとは全く性質が異なるにもかかわらず、同じ痛みと感じたのはなぜでしょう。痛みのメカニズムを考えるヒントがありそうです。

痛みとしびれ

私の場合、抗がん剤治療の副作用の痛みは数日すると消え、治療の回数を重ねるうちに麻痺したような感覚がずっと残り続けるようになりました。四回の治療の間は、強い痛み、末端のしびれ、痛みの繰り返しでした。三年経った今も、副作用の末端神経の手足のしびれは回復しないのですが、この状態を人に伝えるのは難しいです。そもそも自分でもどれくらい問題があるのか、はっきりしないのですから。

しかし、ぼんやりした私でも麻痺に気づく時があります。久しぶりの大雪の日、つるつるの雪の上をすべらないように歩くことが難しくて、足の指先が思うように動かないことに気づきました。急いでいる時に気づくのは、手指のしびれです。急いでシャツを着ようとする時には、シャツのボタンがかけづらいことに焦って、手指のこわばりに気づきます。コンビニエンスストアなどの店頭で支払い時に小銭を出そうとする時、自分の手指の動きのまどろっこしさにイラつきます。ある時などは、パン屋で焼き立てのやわらかい食パンを取ってレジに並んでいたら、自分のパンがひしゃげているのに気づきました。レジに並ぶ人たちのパンを見回しても、そんなふうに不格好になったものはありませんでした。トングで食パンを取り上げる時の力加減がうまくできずに、力を入れすぎてつぶれた跡がくっきり残っていたのです。なんとはなしに悲しい気持ちになりました。

実際のところ、気温や湿度や疲れ具合で、日によってころころ状態は変化します。注意したら気づく程度のしびれは定常の状態のベースラインで、そこに寒さや疲れが重なると、冷たさに変わります。さらにひどくなると、あの激烈な痛みにまで舞い戻るのです（激烈な痛みは足だけですが）。しかも、この冷たいという感覚は冷え性とは違い、冷たいはずの手足に触れても実際は冷たくないのです。寒い冬の日に温かい風呂に入っても、温まったという感覚がないのです。手足が温まらないのではなくて、ぬくいという温度がわからないのだと思います。いずれにせよ、しびれから温度感覚へ、そしてひどくなると痛みの感覚へと移行する現状に、前述のノーベル賞の研究の記事を読んで納得したのです。

身体感覚の侵食

知り合いの編集者が「足が板のようになった感じ」としびれを表現していたことに、なるほどと思いました。しかし、私の場合は、足全体が板になっているわけではなく、しびれは局所に集中するようにも感じられます。その境界がもやもやとしてわかりにくいのですが、そんな部分的に残されたしびれや痛みについて考えている中で、自己と身体の関係性を現象学的に分析する哲学者の田中彰吾さんの著書[2]で、幻肢痛の記述に遭遇しました。幻肢痛とは事故や病気で失ったはずの手足に痛みを感じることです。手足などの物理的実体がないのに痛みを感じる幻肢痛は、痛みと身体との関係を考える上で重要な問題です。図Bは、患者の主観的報告をもとに脚の幻肢痛を図示したロナルド・メザック[3]によるものです。なくなったはずの手や足の存在をより強く感じる箇所が示されていますが、それは私が麻痺を感じる箇所と一致しているように感じたのです。田中によれば幻肢痛は関節が多い箇所に感じやすいとのことですが、ひょっとすると自分の痛みも、抗がん剤治療によって障害が出た末梢神経の受容器の混乱した信号を感覚として感じているのかも……などと妄想してしまいます。これはあくまで主観的体験ですが、多くの人々が悩む痛みやしびれについては今後も広く考えていきたいと思います。

もう一つ、手足の末端の感覚と心の世界とのつながりを実感した主観的体験についてお話ししたいと思います。私は、治療を繰り返す中で、夢から身体がなくなってしまったのです。痛みや末端の麻痺の感覚が夢の世界にも侵食したのでしょうか。夢の世界では一般に、飛んだり走ったりと様々な自分の動作を感じることができますが、そんな動作が夢の世界からなくなってしまいました。自分の身体の存在感が感じられなくなったのです。それだけでなく、夢の世界が真っ暗闇になったこともありました。暗闇の中で、誰ともなく話をしていたのです。目の見えない人の世界のように、視覚世界が消えたのです。そして、さらにこれが高じた時には、文字のようなものが暗闇に浮かんで、それを読むだけの夢になっていました。これら

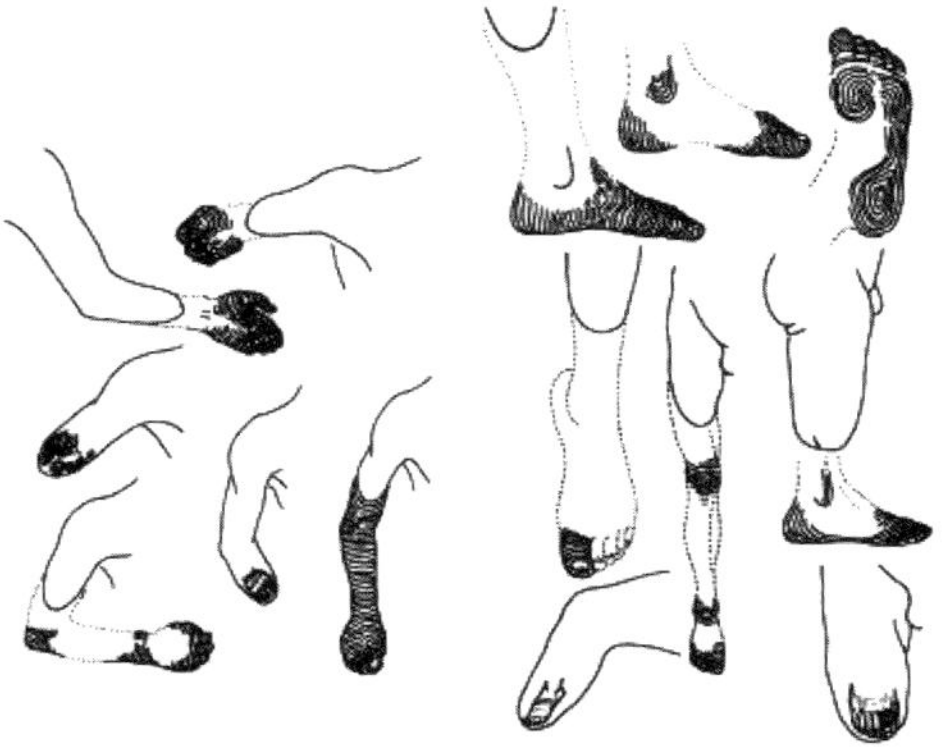

図B　幻肢痛をより強く感じる箇所に線が引かれている(3)

は一時的なもので、今では元の身体感覚のある夢に戻っていますが、身体の末端に生じた麻痺が、視覚世界を含む身体のイメージの世界を侵食するというのは、なかなかショッキングな体験でした。もちろん感覚どうしは連携していますから、それなりの影響はあるはずです。ただ、こうした連携には、感覚を受け取り、命令を出す脳が介在していると一般的に考えられているのですが、感覚を受け取る土台である身体も、感覚を連携させる媒体として働くのではないかと感じました。

さらに不思議なことに、治療が終わって数年たったコロナ禍でも、この夢の変化が起きたのです。コロナ禍で人と直接接触する機会が減った時にも、暗闇で会話をする夢を見たのです。身体を介した人とのつながりの喪失も、自身の身体経験と同じように、心の世界に影響するということでしょうか。もしかすると、数年前の抗がん剤による夢の変化が呼び水となったのかもしれません。つまり、抗がん剤で身体の感覚を失って夢が変わったことがプライミング(4)となり、コロナ禍で人との接触感覚を失ったことでも、夢の変化を引き起こしたのかもしれないということです。

そんな深いつながりを教えてくれるもう一つの手がかりが、今回、冒頭でお話しした顔面神経麻痺にありました。次は顔面神経麻痺について考察してみようと思います。

注・引用文献

(1) 片頭痛の予兆として、視野の中に突然ギザギザでギラギラとした光の模様が出現し、そのうち見えなくなる現象。

（2）田中彰吾『知の生態学の冒険　J・J・ギブソンの継承3　自己と他者——身体性のパースペクティヴから』東京大学出版会、二〇二二年。

（3）Melzack, R.（1990）. Phantom limbs and the concept of a neuromatrix. *Trends in Neurosciences, 13*(*3*), 88-92.

（4）潜在的（無意識的）な処理過程を調べる認知実験で使われる効果で、先に呈示された刺激が、後に出される刺激の処理を促進あるいは抑制する効果のこと。

3　顔研究者の顔に麻痺が起きる

私は二〇〇八年に、顔面神経麻痺になりました。顔研究者の顔が麻痺するとは、何とも皮肉な話です。しかしストレスが原因で起きる顔面神経麻痺には、誰もがかかる可能性があります。一度は耳にした人も多いのではないでしょうか。

顔面神経麻痺には、治りやすいものからそうでないものまで、様々な種類がありますが、私がかかったのは帯状疱疹ウイルスが原因のラムゼイハント症候群でした。他の顔面神経麻痺と比べると、一般的に予後は悪いそうです。私は幸運にも予後は悪くなかったのですが、前兆として感じた帯状疱疹特有の皮膚がピリピリした感覚や耳の中をつつかれたような痛みを思い返すと、二度と同じ経験はしたくないので、帯状疱疹予防ワクチンを打っています。

帯状疱疹はストレスが引き金となるそうです。四〇代だった当時は、研究費の大型予算が連続して当たり、大学の仕事との板挟み。まだ若くて不器用で、目の前の仕事を処理することに精いっぱいの毎日でした。そんなある日、眠れないほどに喉が腫れあがりました。前日のラジオ出演で、緊張して喉を酷使したかと思ったのですが、普段の喉の痛みとは違っていました。喉の奥にあるリンパ腺が腫れているような感じがしたのです。

喉が腫れてから一週間たつと、腫れは右耳の強烈な痛みへと移りました。市販の風邪薬を飲んでごまかしていたのですが、ふと耳をさわると膿が出ていて、慌てて耳鼻科に行きました。外耳炎の診断に一安心して家に戻ってから二日経った朝、嫌な予感がしました。鏡で自分の顔を見ると、目の下の涙袋の形が左右で微妙に違っていたのです。右側の目の下の涙袋がなくなっていました。一度気になりだすと、あれこれと気になりだしました。チリチリとした小さな痛みが目の下にあるような、右側の舌にも違和感があるような……。そこで、もやもやした不安を抱えて再び耳鼻科に行ったのです。

診察室で「頬をふくらませてください」と言われて、そこで初めて、自分の右頬に力が入らないことに気づきました。いくら頑張っても、右の頬だけが動きませんでした。私の顔面神経麻痺は、顔の片側の右側だけに起きたのです。麻痺は初期であることもわかったのですが、対症療法しかないため、血流を促進する薬が処方されるくらいでした。当初は頬を動かす大頬骨筋の下半分は多少なりとも動いていたのが、そのうち全体的に動きが鈍くなっていきました。医師に指摘されて、麻痺した右まぶたを完全に閉じることができなくなったことにも気づきました。

麻痺による影響

片側の顔面神経麻痺となって苦労したのは、食事の際に疲れることでした。「顔は、食物を摂取する口から進化した」と自然人類学の香原志勢先生の本[1]で読んだことが思い出されました。右側の筋肉が動かないと、肉を噛み切ることも、右側の口に食べ物を貯えることもできません。右側の唇を押さえないと口を閉じることもできないのです。食べ物や飲み物を口にする時、そっと手で口を押さえなくてはならないというのも、憂鬱なことでした。

顔の麻痺は、外界への不安にもつながりました。自分の身体の右側に存在するものに対して過敏になったのです。たとえば、目の前のテーブルの右側に背の高いコップを置かれると、即座に左側に並べ替えました。右側で人とすれ違うのも、人に追い抜かれるのも不快でした。これは推測ですが、右側の顔面神経麻痺によって外界の右側にアクセスしにくくなっていたのかもしれません。この右空間への不快感は、麻痺が治ってもしばらく続きました。

それは、神経心理学で学んだ、特定の空間に注意が向かない半側空間無視を思い出させました。脳の障害により生じる半側空間無視では、片側の空間に（主に右半球に障害を受け、左側に）注意できなくなります。絵を描かせると片側だけ空白のまま描き残し、顔の片側に化粧をしないこともあります。指摘されれば気づくので、見えていないわけではないのです。神経科学者イヴ・ロセッティは、注意が向いていない方向に視野をずらすプリズムレンズのめがねを使って、半側空間無視患者の症状の改善に成功しています(2)。これは、視覚の入力が脳の中枢に影響することを示すようです。そう考えると、顔面神経麻痺のような末端の神経の麻痺が脳や行動に及ぼす影響も、おろそかにできないのではと思うのです。

表情の大切さ

思い返すと、顔面神経麻痺の当事者となった私は、どちらかと言うと身体の不自由さに囚われていました。顔面神経麻痺のリハビリも、滑舌が悪くなることを防ぐ、口の動きの練習が中心でした。しかし顔面筋には、表情を作る役割があります。この役割が失われることについて、顔研究者なのにもかかわらず、当時の自分は気にしていませんでした。

しかし、顔面筋が麻痺した顔からは、表情がいかに大切かを知ることができます。表情は喜怒哀楽の感情を伝えるという欠かせない働きをしますが、表情の役割はこれにとどまりません。表情は生き生きとしたその人の印象を伝えます。おっとりと表情を作る人、ころころと表情が変わる人、そのふるまいから人柄に触れることができます。つまり、表情はその人の印象や魅力を決める力があるのです。逆に言うと、全く反応しない表情は、それだけで悪い印象となる恐れがあります。もう一つの役割は、自身のメンタルに関するものです。表情を作る筋肉の動きによって、表情を動かしている当人に感情を伝えるのです（詳細は後ほど説明します）。こうして考えると、表情が消えた顔とは、灯された火が消えたようなものとも言えましょう。

街中で偶然に旧友と出会い、驚いた顔で見つめ合って、久しぶりの立ち話に花を咲かせるような時、表情は大切な役割を果たします。相手の表情から相手の感情を感じ取り、自分の表情の動きから自分の感情を高めているのです。表情は、人と人とのつながりを媒介する働きをする——言わば、表情によって、人との関係の中にいることができるのです。

顔から表情が消えると、いかに多くを失うかが理解できるでしょう。顔面筋が動かないと、表情がなくなるだけではすまず、こわばった表情となり、それはイライラして不機嫌と受け取られてしまいます。表情の反応が鈍いことも、ネガティブに受け取られます。外界に興味がない、反応が鈍くて退屈な人ととらえられるのです。たとえ本人がそう思わなくとも、表情は自分の本意とは異なる印象を周囲に伝え、結果、その人を取り巻く周囲の雰囲気を変えてしまうのです。

臨床神経生理学者ジョナサン・コールから聞いた、顔の両側の神経が麻痺した患者の報告があります(3)。私とは違うタイプの顔面神経麻痺の一種、ベル麻痺の患者は、会話が少なくなったことに気づいたそうです。周りはイエスかノーですむような簡単な会話ですまそうとする——病気を気遣ってのこともあるでしょうが、当事者からすると寂しいものです。仲間外れにされた気にもなるでしょう。この患者は、顔面神経麻痺によって自分を近寄りがたい存在と受け止める周囲に呼応して、自分も周りへの関心を失うという悪循環に陥っていったそうです。麻痺が治り、表情を取り戻した途端、この悪循環から脱することができたとのこと。周囲への関心や情熱もよみがえったそうです。

そうなると、表情を生まれつき持たないとしたら、どんな人生を送ることになるのでしょうか。顔の筋肉が生まれつき麻痺している、メビウス症候群という先天性の難病があります。呼吸困難や嚥下障害など大きな問題を抱えているのですが、表情がないことも障壁となるようです。表情の細かな感情のやりとりができないと、感情のすれ違いが蓄積します。耐えられなくなって爆発することによってでしか、自分の感情に気づいてもらえない、そして自身も、自分の感情に気づけない――自分の情動のコントロールも難しくなるそうです(4)。

進行性の脳の障害であるパーキンソン病でも、刺激に反応して、瞬時に感情を表出することが難しくなるそうです。表情を作りにくいと、自身の感情がわきにくくなるのかもしれません。一般的にうつ病率も高いと言われていますし、表情の認識も鈍るという報告もあります(5)。

自分が顔面神経麻痺であった当時の状況を家族に聞いてみたところ、私は常に「苦痛」の表情でいたそうです。日々面倒なことばかりではありましたが、まさか自分がそんな表情をしていたとは思いもしませんでした。楽しいことがあった時も、私の顔が半分しか笑えない状態を見ることがつらかったそうです。病を抱えた家族と暮らすのは大変なことですが、当の病人が表情を失くすことは、家族にとって、より多くの困難をもたらすかもしれません。

表情が感情を作る？

一方で、美容のために、お金を払って自ら顔を麻痺させる人々もいます。ボツリヌス菌から抽出されたタンパク質の一種ボツリヌストキシンを注射し、目尻や眉・額のしわを改善する「ボトックス」のことで、一過性の筋肉麻痺となります。その効果は四～六カ月ほど持続するそうです。このボトックスが感情に影響するかを調べる実験が、コロンビア大学で行われています(6)。実験では、表情作りに欠かせない目尻と眉間の注射の効果を調べています。注射をした参加者に映画を見てもらい、その感情体験を測ったのです。目の周りにある眼輪筋はにっこりと笑う時、眉と眉の間にある皺眉筋は不快な時に動きます。

この実験の背景にあるのは、「楽しいから笑うのではない。笑うから楽しい」で有名な、一八八〇年代のジェームズ－ランゲ説です。感情は、刺激に対する自身の筋肉などの身体的・生理的な反応を知覚することから生まれると主張しています。このジェームズ－ランゲ説から発展した説に、表情を作ることによる身体的変化が脳にフィードバックされ、それによって感情が生まれるとする

「表情フィードバック仮説」があります。表情を作る筋肉の動きが、表情を動かしている当人に感情を伝えるのです。

ボトックス注射では、顔面筋を麻痺させることによって、表情から感情への経路を絶っています。表情フィードバック仮説が正しければ、この顔面筋の麻痺で感情も失われることになるはずです。つまり、不快な時に動くはずの皺眉筋が動かなければ不快な感情がわきにくく、ほほ笑みを作る時に使う眼輪筋が動かなければ快感情がわきにくくなるということです。ちなみに、効果のない薬剤を入れた注射も用意し、顔に注射すること自体の影響がないことも確認しています。

しかしながら、残念なことに実験の結果、ボトックスによる麻痺の感情への影響は決定的ではないことが実証されました。この実験もそうですが、表情フィードバック仮説は、再現性の問題を抱えています。有名なところでは、ペンをくわえたポーズで感情が変わるのを示した実験があります(7)。歯が触れないようにつき出した唇でペンをくわえる（むっとしたポーズ）と不快な感情が、唇が触れないように歯だけでそっとペンをくわえる（にっこりしたポーズ）と快適な感情が生じることを示したのです。衝撃的な実験ではありますが、追試で同じことをしても、なかなか結果が再現されないと言われています。

その一方で、これまでお話ししたように、顔面筋の麻痺患者では、表情を作れないことによる感情面への影響は大きいように思えます。それは、生まれつき顔の筋肉を動かせないメビウス症候群患者が感情をコントロールできないことに、顕著に表れています。パーキンソン病患者で感情的な表出の欠損により感情的なつながりが乏しくなっているのにも、背景に似たようなことが起きているのかもしれません。そして決定的と思えるのが、ベル麻痺患者の報告です。表情を失うことによって、自身の感情世界が薄らぎ、人とのつながりも希薄となりましたが、麻痺が回復した途端、元の世界に戻れたのですから。私は、自身の変化に夢中で周りへの関心が低かったのかもしれませんが、それでも顔面神経という末端の麻痺が、自身の感情と人間関係にまで影響することを知ることができました。

顔を見るとはどういうことか

改めて自分自身のことを考えてみると、大学業務と研究との板挟みで、自身が研究してきた顔に麻痺が起きたことは、運命的にすら思えます。一面からすればたいへんな不運ですが、顔研究者として自分の顔を考えるきっかけとなりました。麻痺の間は、人生でこれまでにないほど自分の顔を見る機会がありました。それまでは顔の研究をしていると言っても、それは所詮、他人の顔の話でした。どこか他人事で、自分の顔の話ではなかったのです。また、自分の顔を観察してこなかったこれまでは、自分の顔を受け入れていなかったとも言えます。

図　自分の顔をキャンバスにプロジェクションマッピングしてみる（協力：東京科学大学・渡辺義浩）

顔面神経麻痺を経て思うに、麻痺をチェックするという客観的な視点で自分の顔を見続けたこともあって、以前よりも少しは冷静な目で、自分の顔と対峙できるようになったかもしれません。そして、もし人相で人生が決まるのだとしたら、顔面神経麻痺の前後で人生も変わったとも言えるでしょう。ただし、ここで言う「人相」とは、姿形だけでなく表情を含むものです。人相とは、カメラのように静止画の顔を切り取って判定するのではなく、コミュニケーションを取りながら互いに感情的に揺らいでいく中で判断するものです。顔とは、形態だけでは決してないのです。

最後に、顔面神経麻痺になった当事者として一言つけ足すと、たとえ顔面筋が麻痺したとしても、その代替となる感情の表出経路は必ずあり、それも表情と同様の働きをしうるのだと思います。ジェームズ＝ランゲ説では、感情は筋肉を含む生理的な反応から作られると言っています。筋肉以外の生理的反応、たとえば発汗や心拍の上昇、ぎゅっとするような内臓感覚などからも、自身の感情を感じることができるでしょう。また、他人に伝える表情の動きが鈍くなっても、絵文字やアバターを使えば、表情の代替手段となります。一〇年前は難しかったのかもしれませんが、今ならば、もっと発想の転換ができると思うのです。二〇一九年の「顔・身体学」のイベントで、自分の顔をキャンバスにプロジェクションマッピングした写真（図）を挙げておきましょう。大きな建造物にプロジェクションマッピングするイベントを鑑賞されたことのある方もいるかと思います。動かない大きな建物に映像を映すのと比べると、予想外の細かな動きをする身体や顔に焦点を合わせて映像を映すのはなかなか難しい技術です。しかし体験してみると、仮面とは異なり、何もつけていないのに、自分の表情の動きに合わせて映像が変化する姿を見るのは不思議な気分です。自分とは異なる顔を提示する可能性の一つとなるでしょう。

引用文献

（1）香原志勢『顔と表情の人間学』平凡社、二〇〇〇年。
（2）Rossetti, Y., Rode, G., Pisella, L., Farné, A., Li, L., Boisson, D., & Perenin, M. T. (1998). Prism adaptation to a rightward optical deviation rehabilitates left hemispatial neglect. *Nature, 395*, 166-169.
（3）Cole, J., & Spalding, H. (2008). *The invisible smile: Living without facial expression.* Oxford University Press.
（4）ジョナサン・コール『スティル・ライヴズ——脊髄損傷と共に生きる人々の物語』河野哲也・松葉祥一（監訳）、法政大学出版局、二〇一三年。
（5）Kan, Y., Kawamura, M., Hasegawa, Y., Mochizuki, S., & Nakamura, K. (2002). Recognition of emotion

from facial, prosodic and written verbal stimuli in Parkinson's disease. *Cortex, 38(4)*, 623-630.

(6) Davis, J. I., Senghas, A., Brandt, F., & Ochsner, K. N. (2010). The effects of BOTOX injections on emotional experience. *Emotion, 10(3)*, 433.

(7) Strack, F., Martin, L. L., & Stepper, S. (1988). Inhibiting and facilitating conditions of the human smile: a nonobtrusive test of the facial feedback hypothesis. *Journal of Personality and Social Psychology, 54 (5)*, 768.

4　マスクのもたらす影響を知る

人はなぜイタイ話を求めるのか

お気づきの読者もいるかもしれませんが、本書では「イタイ」話が続いています。なんでわざわざ他人のイタイ話を聞かねばならないのかと思っている方もいるでしょう。筆者は運動が苦手で、身体感覚が鈍いタイプです。ぼんやりしていて、よく転びます。擦りむいた膝小僧のヒリヒリとした痛みに、改めて自分の身体を感じます。身体に無頓着な私にとっては、そんな痛みこそがこの世で生きる実感のようにも思えるのです。

極論だと困惑する読者もいるでしょうか。しかし、ならばどうして、人々はイタイ話を求めるのでしょう。子どもの頃には、度重なる苦労にもめげず偉業を達成した先人の伝記を読まされました。

当時の小学生向けの雑誌（『小学一年生』など）では、悲惨な境遇に生まれたヒロインが、虐げられながらもバレリーナになる漫画が人気を博していました。大人の世界でも、驚くような困難の数々を主人公が克服していく漫画やドラマが人気です。つまるところ、映画も漫画も小説も、大きいものは戦争や宇宙人の襲来から、小さいものでは恋バナのもつれまで、転んでは立ち上がる話であふれているのです。私は幼少の頃に赤塚不二夫の洗礼を受けて以来、不条理なギャグ漫画が好きだったのですが、それでは感動はしません。今では、人は痛みを克服したことに人生を感じるから感動するのだ、と実感します。

痛みには、リアルに自分の身体を感じさせる、そしてそれだけでなく、他人の痛みを通じてリアルに、しかもダイレクトに他人を理解させる魔力があるのです。自分の痛みのように他人の痛みを感じることは、人とのつながりを作り上げる上では欠かせない力となります。イタイ話が好まれるのには、私たちの脳に、痛みを介して人とのつながりを欲するところがあるからでしょう。その重要性と危険性については、別の機会にゆっくりお話ししようと思います。

コロナ禍での痛み

ところで、これまでの章に登場したイタイ話は、病気の話が中心でした。病は文字通り痛いもので、わかりやすいからです。その一方で、誰もが同じ病気になるとは限らないので、その病気の経験者とそうでない人との間では共感の度合いに温度差が出ます。ちなみに私が代表を務める科研費新学術領域研究「顔・身体学」では、病気や障害を「私とは違うかわいそうな人の話」とはとらえず、当事者との間に壁を作らない試みをしてきました。そのため、これまでは病を持つ当事者から感じる見えない壁について話をしてきたのですが、本章では趣向を変えて、世界中の人が体験した痛みについて取り上げようと思います。それは、新型コロナウイルス感染症（COVID-19、以下コロナ）のパンデミックの痛みです。

中国の武漢市から始まったコロナ。日本ではクルーズ船でその脅威を目の当たりにし、身近な市中へと感染の恐怖が忍び寄りました。多くの人々が世界を飛び回る中、あっという間に感染は世界の至るところに拡散しました。感染症予防のため世界は閉ざされ、満足に外に出られない苦しみと、感染者数や陽性率などの数値で自分の行動や生死までをも考える日々（それは五年生存率で予告されるような病に似ているところがあります）、親しい人々に会えなくなり、孤立化する痛み、インターネットやワイドショーで何度も繰り返し流され、増幅される恐怖も含め、様々な痛みがありました。程度の差はあれ、世界中の人々はそれぞれ傷ついたのです。

マスクへの忌避感が小さい日本

そんな痛みと比べると些細なものと感じられるかもしれませんが、顔研究者が今後を憂える問題があります。それは、顔を半分隠すマスクの影響です。マスクによる影響はあるかもしれないし、ないかもしれません。しかし、これは日本独特のとらえ方でもあるということは認識しておくべきでしょう。

さすがに最近は減りましたが、コロナ禍が過ぎてもしばらくは、家の外ではマスク着用を徹底する日常が日本では長く続きました。欧米諸国では、感染が収まったら多くの人が早々にマスクを外して歓談していました（図A）。お隣の中国でも、交通機関やショッピングモールではマスク着用、それ以外はマスク必要なしとなっていたそうです（私信による情報なので、地域によって違っているかもしれません）。日本のマスク着用率の高さは、感染症予防に効果を示していたのかもしれませんが（これについては、複数の欧米新聞社から何度も取材を受けました）、世界規模の災禍の中で、日本と欧米の間のマスクに対するとらえ方の違いがあらわになりました。

なぜ日本はマスクに関して特殊で、マスクを許容するのでしょうか。欧米のマスクへの忌避感には、根深い歴史があります。欧米では公共の場で顔を隠すことを禁じる「覆面禁止法（Anti-Mask

Law)」があります。テロ防止のために一八四五年のニューヨークで施行されたのがアメリカ各州に広がり、二一世紀になってヨーロッパの各国にも広がっています。そのため欧米諸国では、病院の外に出られない重病人ならば医療用のマスクの着用を許される、という雰囲気なのです。

しかし、覆面禁止法がある欧米でも、目を隠すサングラスはそれほど気にされていないことが不思議です。日本人ではマスクよりもサングラスの着用に違和感を覚えるでしょうが、欧米人にとってのマスクは、日本人にとってのサングラスのように直感的に不快に映るのです。それには文化による顔の読み方の違いが関係しています。顕著な例として、日本の顔文字（^_^）や（>_<）が目で表情を伝えているのに対し、欧米の顔文字:)や:(では口で表情を伝えています。そこで表情を見る際の眼球運動を計測すると、欧米人は相手の口もとを見るのに対し、東アジア人は目もとに注目することがわかりました(1)。しかもこの見方は、生後七カ月というきわめて早い段階までに獲得されるのです(2)。つまり、欧米人は口もとで表情を読む

図A　マスクやノーマスクでたくさんの人が集まるパリの様子・2020年9月12日（撮影：北山靖一）

ため、口もとをマスクで隠されると表情が見えにくく不快に感じ、逆に日本人は目もとで表情を読むため、サングラスで目を隠されると表情を読み取りにくく不快に感じるのです。

マスクへの忌避感が小さい日本では、コロナ以前から花粉症対策のためのマスク姿がありました。朝早い授業に化粧が間に合わないからと、マスク姿の女子学生もいました。中高生の中には、コロナが収束した後もマスクを続けたいという子が少なからずいるようです。学生たちに理由を聞くと、マスクがあると安心する、顔を見せるのが恥ずかしくなった、あるいは、マスクをしたほうがきれいに見えるからと言うのです。それは、平安時代の日本女性が扇子で口もとを隠していたことにも通じるようですが、私の授業を受けている学生に聞いたところ、マスク姿で出会った人のマスクを外した顔を見て、がっかりすることが多いと言います。実際のところ、マスクをした顔はマスクをしていない顔よりも魅力的に感じるという実験結果があります(3)。人はマスクで隠した部分を平均顔で補って見ているためと言われています（平均顔は整った顔で美しいのです）から、マスクは魔法の道具でもあるのです。

顔は重要なコミュニケーションツール

前置きが長くなってしまいましたが、ここからが本題です。顔は大切なコミュニケーションツールで、対人関係のつながりを作り上げる上では欠かせない対象でもあります。いくら自分が隠したいからといって、顔を見せないことは他者への礼儀を欠きはしないか……顔研究者としてはそんなふうにも考えてしまいます。たとえば先の欧米での覆面禁止法では、見ず知らずの他人に対して、自分が誰であるか、危険人物でないことを示すことが義務化されています。多様な人がいる社会の中では、自分が安心な人物であることを示すことも義務の一つではとも思うのです。

もちろん、顔の役割はそれだけではありません。表情を通じて自分の気持ちを伝え、表情を介して人はつながります。多様な人が混在する欧米社会では、見知らぬ他人にもすれ違う時には笑顔で接します。他者を拒否しない社会的な人物であることを示すことが必要とされているのでしょう。多様な人々が暮らす社会の中でサバイバルする上で、顔は重要な役割を果たすわけで、そういうことからしても、顔は他人とつながるツールであり、顔を持つ人の専有物ではないと思うのです。

顔処理は変わるのか

コロナ以降、人々の生活がどれくらい変わったのか、いまだわからない点も多いでしょう。しかし、少なくともコロナ禍は、時代の変化を推し進める役割を果たしたのだと思います。コロナ以前の二〇一八年に、人はどれくらいの顔を記憶できるものかを調べた研究がありました。(4)メディアやインターネットが発達した現代、人は、近隣で暮らす知人の顔しか知らなかった昔と比べると、圧倒的に多くの顔に触れているのです。メディアの発達に応じ、顔の記憶はどこまで進化しているのかが調べられたとも言えます。

一時間かけて知り合いの顔を思い出せるだけ思い出してもらい、別の実験では、知っている有名人の顔を思い出してもらいました。個人差も大きいのですが、個人的な知り合いは平均三六二人、有名人は平均二九〇人を思い出せることがわかりました。ただしこれは一時間という限られた時間の結果なので（それ以上の拘束は、実験倫理上問題です）、そこからシミュレーションするとおおよそ五〇〇〇人程度の知り合いの顔を記憶していると算出できました。あわせて、写真の顔から確実に知っているとわかる有名人の数も調べられました。これも一時間の制限時間で調べた結果からシミュレーションしたところ、四二四〇人の顔を知っていると認識できることがわかりました。予想外の圧倒的な数に驚きます。

ここまで広がった顔の記憶は、コロナ禍以降どうなっていくのでしょうか。コロナ以前はＮＩＣＵ（新生児集中治療室）でさえも、小さな赤ちゃんが医療従事者や親の顔を見る機会を作ることに尽力していたのですが、時代は変わっていきます。顔認知の発達は、三〇年続くと言われています。赤ちゃんの頃に母親の顔を覚え、学童期には友だちやクラスメイトの顔を覚え、大学生になればゼミやサークルなどの複数の集団にいる人の顔を覚え、多くの人々に触れながら社会性を広げます。

この期間にマスクつきの顔しか見ていなかったら、どうなるのでしょうか。

たとえば私の専門の乳児で言うと、新生児にとっての顔とは、目が二つ、口が一つの「トップへビー」と呼ばれる配置ですが、口がマスクで隠されていると、この関係性が崩壊する恐れがあります。大人でも目鼻口の配置によって多くの顔を記憶できると言われていますが、マスクで隠された顔はどれくらい記憶できるのでしょうか。小中高の学校生活を送る子どもたちは、コロナ禍では、身内や親しい友人には自宅などでマスクなしの顔で会うとしても、関心のないクラスメイトとはお互いマスクをしたままで過ごしていました。一方、メディアで見る有名人はノーマスクですから、記憶できる有名人の顔の数だけが変わらないという、顔については歪んだ状況となっていたように思うのです。

一九九一年の研究(5)では、高校のクラスメイトの顔を二五年後も正確に覚えていることを示していますが、コロナ禍にマスクつきの顔で過ごしていた高校生のクラスメイトの顔の記憶は、どうなるのでしょう。よくある恋愛ドラマのように、それほど親しくなかったクラスメイトと数年後に街でばったり出会ってラブストーリーに発展するようなことはないのではないでしょうか。

ふれ合いの重要性

顔を隠すことには安心感もあります。しかし、それは安心と引き換えに人とのつながりを断ってしまった状態、ひきこもりに近いようにも思えます。その背後にある、隠れた問題にも配慮せねばならないのではないでしょうか。そこで思い出されるのが、二〇世紀の心理学を代表するハリー・ハーロウの知見です。二〇世紀の二つの世界大戦を生き残った戦争孤児たちは、感染症予防のため、病院や施設で「無菌」と「隔離」を徹底されました。生存のため、感染症をはじめとする病原菌から守ることを優先にし、養育者と触れることを極力禁じました。しかし、完璧な無菌環境を徹底しても、孤児たちの生存率の向上にはつながらなかったのです。

図B　ハーロウの代理母実験

そこで行われたのが、ハーロウの代理母の実験です[6]。母親から隔離されたアカゲザルの赤ちゃんのそばに、図Bのように、毛布の代理母と針金の代理母が並べられました。実験の結果、針金の代理母からしかミルクが出ないにもかかわらず、ミルクを飲む時以外のほとんどの時間、赤ちゃんは毛布の代理母にしがみついていることがわかりました。つまり生存のためには栄養だけなく、触覚が必須ということ、愛（the nature of love）の必要性を説いたのです。接触という直接的なつながりが生存のために必要ということは、感染症後の社会に対する示唆に富んでいます[7]。

この二一世紀のコロナのパンデミックでも、感染症予防という名目のもと、人々は隔離され、分断されました。そのような状況の中で、私たちはそれぞれ、知らず知らずのうちに心のどこかで傷ついたと思います。杞憂であることを祈りますが、これから先、その影響にどのように対応していくのか、二一世紀の新たな知見が必要とされているのかもしれません。

「顔・身体学」では、コロナ禍に、二〇二〇年四月二〇日から半年の間、「顔身体学ブログ」を発信しました[8][9]。顔と身体にかかわる研究者が、それぞれの日常を記録として残しておこうとしたものです。欧米や東南アジアに滞在してデータを収集していた際にパンデミックに襲われ、ギリギリの状態で日本に戻った脱出劇や、日々着けねばならなかったマスクに楽しみを見出すための、おしゃれマスクの記録。コロナ禍も欧米に滞在を続けた若手研究者の日々の記録など、文化人類学や哲学・心理学の視点から、何が起きていたかを記したものです。感染症の脅威によって奪われたリアルな身体性を思い起こし、実在する身体を扱う「顔・身体学」として、ポジティブにこれから先の世界を考えていきたいと思っています。

引用文献

（1）Jack, R. E., Garrod, O. G. B., Yu, H., Caldara, R., & Schyns, P. G. (2012). Facial expressions of emotion are not culturally universal. *Proceedings of the National Academy of Sciences of the United States of America, 109*, 7241-7244.

（2）Geangu, E., Ichikawa, H., Lao, J., Kanazawa, S., Yamaguchi, M. K., Caldara R., & Turati, C. (2016). Culture shapes 7-month-olds' perceptual strategies in discriminating facial expressions of emotion. *Current Biology, 26*, R663-R664.

（3）Miyazaki, Y., & Kawahara, J.-I. (2016). The sanitary-mask effect on perceived facial attractiveness. *Japanese Psychological Research, 58*(*3*), 261-272.

（4）Jenkins, R., Dowsett, A. J., & Burton, A. M. (2018). How many faces do people know? *Proceedings of the Royal Society B: Biological Sciences, 285*, 20181319.

（5）Bruck, M., Cavanach, P., & Ceci, S. J. (1991). Forty something: Recognizing faces at one's 25th reunion. *Memory & Cognition, 19*, 221-228.

（6）Harlow, H. F. (1958). The nature of love. *American Psychologist, 13*(*12*), 673-685.

（7）デボラ・ブラム『愛を科学で測った男――異端の心理学者ハリー・ハーロウとサル実験の真実』藤澤隆史・藤澤玲子（訳）、白揚社、二〇一四年。

（8）顔身体学ブログ（http://kao-shintai.sblo.jp/）参照。

（9）山口真美・河野哲也・床呂郁哉（編著）『コロナ時代の身体コミュニケーション』勁草書房、二〇二二年。

5　確率の世界を生きるということ

正常バイアスの恐ろしさ

本書は、東京大学出版会のPR誌『UP』での連載をまとめたものですが、ここではその連載を始めたきっかけでもある、がんの闘病体験についてお話しします。第1話に書いた通り、連載タイトル「顔身体通信」にもかかわる科研費新学術領域研究「顔・身体学」が始まったのが二〇一七年で、その翌年の四月にがんと診断され「ガーン」となったのでした。

それは、いきなりの出来事でした。二〇一七年の夏の定期健診でも要観察ではあったのですが、その時は、病気というものはゆっくり進行するものだと思っていました。実は、二〇一八年四月に大病院につないだクリニックの医師からは、エコーとMRIと腫瘍マーカーの値を見せられて、

「悪性の可能性は八割」とはっきり伝えられていたのです。診察直後に家族宛てに書いたメールにも、その数値を記していました。ですが、その数字は空虚で実感の伴わないものでした。

確率統計を習った心理学者は、数値に意味づけをします。たとえば八割ならば心理学的には有意に悪い、つまり明らかに悪いと判定できる数値です。そんなトレーニングを受けてきたにもかかわらず、当時の自分にはその数値が全く響いていませんでした。しかも医師の、「大病院への紹介状は、夏休みくらいまでには持っていってください」という言葉を、楽観的な兆候と勝手に解釈していたのです。四月の新学期が始まる前のことでしたから、授業が半期分終わった夏休みに行けばいいのだろうと、自分に都合のよい解釈をしていました。一方で、八割の確率は五割程度にすり替えていたように思います。実際には、せっかちな性格が幸いして、数日後には紹介先の病院に行ったのですが。

毎年欠かさず定期健診を受けるように、遠い将来の危険を回避するためには、人は慎重に対応します。それが恐れていた病気という現実を目の前にすると、「正常バイアス」に陥るのだと実感した体験でした。正常バイアスとは、災害や事故の際に、被害が自分に及ぶと想定される状況であっても、都合の悪い情報を無視して日常の延長としてとらえ、「まだ大丈夫だ」と事態を過小評価してしまうことです。

そんなことを考えていたら、朝の情報番組で「がん防災マニュアル」の話を耳にしました。がんは不治の病という印象が今でも根強く残っていると思います。私もそうでしたが、大病院でがんと確定された時には頭がガーンと真っ白になります。ですから、がんに直面しても慌てず恐れず、また、自分には関係ないと避けることなく、定期健診を受け、冷静に対応するためのマニュアルが必要とされるという話でした。がんと診断されてよくあることとして、ウェブで情報を検索するのですが、ついつい自分に都合のよい情報を選択的に見てしまいます。しかしインターネットの情報のすべてが正しいわけではなく、むしろ誤った情報が検索で上位に出ることも多いのです。あやしげな健康情報にひっかかると、時間とお金を浪費するだけでなく、治療に支障を来たす成分の入った健康食品に手を出して実害を受けることもあると言います。

防災という観点から病を考えるのは興味深いことですが、がんだけが特別ではなくて、心臓発作も脳卒中や脳梗塞も、突然やってくるという点では同じ災害と言えます。がんが他の病と大きく違う点があるとすれば、むしろ、再発や転移という長く続く見えない恐怖にあると思います。しかも、一口にがんと言っても実に多様です。どこにできてどこまで進行しているかと細胞の種類によって、患者の置かれる状況は全く異なります。必然的に調べることが多くなり、情報の渦に溺れる恐れもあり、そのことへの注意喚起は決して大げさではないのです。

数値化されることの不安

私の場合、夫が国立がん研究センターのサイトで数年後の生存率を熱心に調べていました。それは正しい情報ではありますが、正直なところ、私は数値を見続けることに疲れを感じていました。たとえば五年生存率が六〇パーセントであることがわかると、その数値は一つの拠りどころとなるわけです。その一方で、自分という存在が確率の一部になるということに、なんとも言えない不安な気分にさせられました。この世にただ一人だけの主体となるべき自分という存在が、数値の一つになってしまうことに打ちのめされたのです。

それはコロナ禍の最盛期に、人々が抱いた絶望感に似ていると思います。自分という存在が自分の手を離れ、自分を超えた圧倒的な力で支配され、その権利が奪い取られたような感じです。自分の努力ではどうにもならない年齢とかリスク要因とかといった指標で、危険性という配慮のもと、値踏みされるのです。

普段は考えることもない確率を目の前に突きつけられることは、暴力的にすら感じられます。個人が積み上げてきた価値も何もかも飛んで行きます。それにいら立ちを感じ、従いたくない気持ちが生まれてしまう。それはたから見れば非科学的な態度で、数値に従うことこそが科学的教育を受けた者がすることだと一笑に付されるでしょう。そう思われても当然ですが、しかし、そこで抑圧されている感情については考えるべきだと思うのです。人々はこうした状況に直面すると、多かれ少なかれ無意識のうちにいら立ちを感じ、そしてそれを意識しないように自制します。無意識の自制は、私たちの心を知らないうちにむしばむこともあるでしょう。コロナ禍で、皆が閉塞して消耗した気分に陥ったのは、その表れではないでしょうか。こうした意識下に蓋をしてきた感覚に、気づいてあげることは大切だと思うのです。

病や災害といった、日常から逸脱した困難な状況に直面すると、私たち一人一人が数値の一つとしての自分と、このかけがえのない自分の間を行ったり来たりします。医療技術の進んだ現代では、出生前診断の時から数値に出くわします。そしてその間でバランスを保つことこそが、この現代社会に生きるということなのだと思います。

闘病記と身近な人々からの情報

数値から距離を置く手段として、あるいは、これからの自分の生き方を考える手がかりとして、多くの人が「闘病記」を手にするのでしょう。ウェブ日記や漫画やエッセイなどとして著されたがんの闘病記は、出産や子育ての体験記に匹敵する数の出版があるように思います。それだけ関心が高いということです。子育ても出産も闘病も、体験記に自分の未来を修正する手がかりを探っているのだと思います。

ただし、医療の進歩が著しいがんの場合は、時代を考慮して闘病記を読む必要があります。私ががんと診断された二〇一八年に読んだ闘病記も、そうでした。たとえば抗がん剤治療の象徴とされる強い吐き気、食べ物のにおいもつらいというのは、一昔前の話です。投薬で改善されることも多く、私の場合はと言えば、アルコールが入った抗がん剤で頭がぼんやりとしたところにさらにビールを流し込んで（飲酒が禁忌の抗がん剤もあります）、痛みを待つまでの景気づけをしていました。私が苦しんだ抗がん剤の痛みや痺れなどの副作用も、一〇年すれば昔の話となるのかもしれません。

がんの闘病記に関しては患者が亡くなる結末が多いことは、当事者には気になります。悲劇のほうが受け入れられやすいのでしょうか。そうであれば悲しいことです。しかし今ではがんは二人に一人がかかる身近なもので、いざ診断されたら他の病気と同じようにそのまま標準的な治療に入っていく、日常の延長です。その一方で、心の片隅にある、がんは恐ろしいものという意識はぬぐえません。私も、子どもの頃からのがんにまつわる恐ろしい記憶がありました。半世紀前、子ども心に焼きついた、胃がんに祖父の苦しむ姿。二五年ほど前、大学院生時代に胃がんであっという間に亡くなった恩師の姿。最近も、肝臓がんと診断され、半年もたたずに亡くなった知り合いの姿がありました。

一五年ほど前の闘病記には、理不尽に思う話もあります。同じがんだった、尊敬する文筆家のエッセイ(1)にはショックを受けました。熱心にがんについて調べているうちに、自分にとって都合のよい判断をあっさり受け入れ、手術の機会を逸したことが赤裸々に書かれていたのです。時代によって告知の仕方も異なるように感じます。私の祖父が患った一九七〇年代には、本人への告知もありませんでした。主治医との信頼関係もあるのでしょうが、エッセイからは一五年ほど前でも、数値をもとにはっきりと最悪の状態から話すのは避けられていたように感じられました。患者は常に逃げ道を探すものですから、最初にやわらかく言われると逃げ出してしまいます。また、だんだんと深刻な事態へと話が進められるのもつらいことです。自分だったらどうしただろうと思うと、とても他人事には思えず、病中には読めませんでした。あれだけしっかりした人でも、自分の身体を切りたくない本能には逆らえないのだと思いました。恐怖を目の前にして、短絡的に自分に都合のよい言葉を受け取ってしまうことは、人の性なのだと思ったのです。

遠い恐怖から自分の問題へと、気持ちを向けられたのは身近な情報源のおかげでした。不安な気持ちで身近な知り合いや仕事仲間に診断結果を話したところ、「実は私も……」と次々と名乗りを上げてくれ、それぞれの体験を語ってくれたのです。当時五〇代前半だった周囲の人々には、大っぴらには言えないがん経験者が多かったのです。全く同じ病を抱えて仕事を続けている同志を知りえたのも、心強いことでした。

私の闘病の経緯

時間を巻き戻して、詳しく闘病の経緯を時系列に記してみようと思います。四月一一日に紹介状をもらい、一七日にがんの拠点病院に行きました。それからは急転直下のジェットコースターのような展開です。朝九時診療開始と同時に病院に行って、血液検査で腫瘍マーカーが振り切れるほどの値、一一時には「明日手術日を決めましょう」というスピード感でした。それからは一日検査漬けです。既に撮ったＭＲＩ（核磁気共鳴画像法）の撮り直しと、ヨード造影剤を静脈注射して撮る造影剤ＣＴを、予約の隙間に即日入れられました。大量の検査と数値を前に、まな板の鯉です。正しく数値を認識したところで、手術室とベッドの空きを見て、ゴールデンウィーク明けの五月七日に手術日を決めました。

値を見て、最悪の事態から説明されました。腫瘍マーカーの値から全身がんが疑われ、病院にはないＰＥＴ（ポジトロン断層法）を四月二〇日に撮像に行きました。このあたりで大きな仕事の整理がつき、検査終了後には喫茶店で新聞社の取材を受けていました。二五日に大腸の検査と、ＰＥＴの画像確認です。腫瘍の形や大きさを判定するＭＲＩや造影剤ＣＴでは、「充実している」「悪い面相をしている」という言葉を聞きました。一方、細胞の活動量から性質を判断するＰＥＴでは、

「光っているか」でがんの存在を確認します。いずれも素人目からするとわかりようがないものです。はっきりと光っているわけではない、もやもやとしたPETの画像から、リンパと甲状腺があやしいかもしれないということになり、覚悟して手術を待つことになったのでした。肝心のがんの全貌がわかるのは、手術後の生検の結果が出る五月二三日です。それまではとにかく集められた数値とぼんやりした画像を前に、最悪の事態を想定するだけでした。

そこまで納得して手術をしたにもかかわらず、麻酔から覚めてぼんやりした頭で発した第一声が、「全部取っちゃったの？」だったそうです（予防のためにリンパを含めて全摘だったのですが）。それほどまでに事態を受け入れていない意識下の自分を知り、人は常に逃げ道を探るのだということを改めて自覚したのでした。

手術から二週間待った結果、細胞が異なる多発性のがんの初期段階でした。性質の悪い細胞も一部混ざっているため、予防のための抗がん剤治療を行うことになりました。手術も抗がん剤治療も仕事優先で予定を入れてもらったがための、駆け足で過ぎる日々でした。大きな会議が終わる六月まで抗がん剤治療は待ってもらい、会議やイベントの合間に治療、八月末の夏休みの終わりを最後に、翌九月の初旬には宿泊での特別講演を行い、一一月には渡米で海外出張に復帰しました。何かに追われるように過度に仕事のスケジュールを入れたのは、数値という名のもとにまな板の鯉になる自分を、自分の力で進む仕事という場の力で消そうとしていたのだと思います。前者の身体はまさしく受け身の存在でしたが、後者の身体は数値から離れ、積極的にこの世界にかかわるのでした。

数値を持つ人、持たない人

実は当時、二〇一八年から二〇二〇年まで、身体についての本を執筆していました[2]。当初、ごく普通に身体に関する心理学の最新の研究を紹介しようと始めたのですが、その当人が自分の身体に病を抱えることになり、視点はぶれまくりました。さらにコロナ禍に突入し、他人に接触しないことが前提となった初期の頃には、身体は特殊な存在となっていました。身体について改めて考え直す絶好の機会であったとも言えます。

そこで思い出したのは、子どもの頃、自分が虚弱体質であると思い込んで、漠然と抱いていた病に対する恐怖でした。それと、実際にこの身に病を得ることとの間には、決定的な違いがあることを実感したのです。子どもの頃は不治の病にかかる話を読んで「かわいそう」と思っていましたが、自分が体験してわかったこととして、現実に病気になるということは決して「かわいそう」ではないのです。「かわいそう」という言葉の裏には、言われた当事者を自分の地続きから切り離すような残酷な面があるように感じます。背景に、私はそうでなくてよかったという思いが感じ取れるのです。しかし、当事者にとっては、病は他人事ではなく、昨日からの日常の延長でしかないのです。

手術から三年経って、自分で遺伝的な発がんリスクの確率を知りたいと思い、遺伝子検査を受けてみました。同時多発だったこともあり、遺伝が疑われ、両親の履歴もかんがみての検査です。アメリカでは医療保険に入るために無料で受けることもあるそうですが、日本では驚くほどの高額です。そして、そこまでするかというほど丁寧なカウンセリングを受けるのです。数値を知ることの意義と、数値が個人情報であることから、もし親族に結果を聞かれたらどう教えるべきかまで、カウンセリングというよりは教育のようなものでした。「自分の知らない、自分の数値を知ること」の意味について学ぶということなのでしょう。

結果的には、大金を払ったけれど遺伝的な問題は何も出ませんでした。妙なもので、結果はよかったはずなのに、「あんなにお金を払ったのに?」というがっかり感がわきました。「たったこれだけのために、あんな大金払ったの?」と文句を言う人もいるだろうと思いました。丁寧な説明は、こうした態度への防衛策でもあるのでしょう。私の場合は結果として、治療後の毎年の検査を隔年にすることができたため、ありがたい面もありました。これも確率の世界に生きる知恵の一つです。

私は、今も五年生存率という数値に縛られています。天気予報の降水確率を気にして家を出る時に傘を持っていくかどうかを悩むように、自分の数値を持って生きています。しかし自分の身体についた数値は、天気とは違います。たとえば九三パーセントというまだらな存在はありえません。当事者にとっての生存とは、イチかゼロしかないのです。

数値を持って生きていると、数値を持つ人と持たない人の隔たりが何となく気になります。そして、数値を持たない人だけがイチかゼロかを意識せずに生きることを許されているわけではないとも思います。たとえば、結末が死となる闘病記で、亡くなった人を「かわいそう」ととらえることは、本人にとっては不本意ではないかと思うのです。そもそも誰もが死ぬ存在なのだから、結末が死というのはいずれの話にもあてはまるはずだからです。難病やがんだけが特別だととらえられるとしたら、その背後にあるのは、数値で人を見る考え方ではないでしょうか。

この問題は自分の中でも消化しきれず、もやもやとしています。こうした話を書く時も常に、数値（生存率）の高い自分が書くのは申し訳ないのではないかと思ったり、「死んだら負け」と考えていると誤解されるのではないかと思ったり……妙な不安に陥ります。人々が無意識に判断している数値に対して、過剰に受け止めてしまっているのかもしれません。しかし、数値を持つ人は特別なのではなく、たまたま数値を把握しているだけの話で、あなたは自分の数値を知らないだけかもしれません。たとえば、遺伝子を共有している親やきょうだいがあなたに内緒で遺伝子検査を受けていて、あなたが同じ数値を持っていることをその人は知っているとか、あるいは、自分の知らないうちに出生前診断を受けていたとかいうことも、あるかもしれません。いずれにせよ、自分も数値を持つ人の中にいる可能性を自覚してほしいのです。数値を怖がらずに対峙して、イチかゼロかの人生を充実させて生きる方略を探っていけたらと思います。

引用文献

（1）米原万里『打ちのめされるようなすごい本』文藝春秋、二〇〇六年。
（2）山口真美『こころと身体の心理学』岩波書店、二〇二〇年。

6　共感をうまく使う、共感に使われない

心を読む能力と、感情を共有する能力

他者と自分の感情をつなぐ「共感」について話をしようと思います。共感とは誰もが体験するものですが、改めて考えてみると複雑です。他者の心をよく読めているように見えるのに、それに左右されず、「情が薄いよね」と言われる人がいます。一方で、傷ついた友人を前にわんわんと泣くものの、どこかピントがずれていて、泣かれた側の当人が逆に醒めてしまうような人もいます。さて、どちらの共感性のほうが高いと言えるのでしょうか。

近年の社会脳の研究[1]で、他者と感情を共有するという意味のいわゆる「共感」の能力と、「他者の心を読む」能力は別物であることがわかりました。共感性は、二つの能力から構成されるのです。

私は、自意識過剰な思春期に「自分は共感性が低いのでは」と悩んだことがありました。ランチもトイレも一緒という女子特有の集団行動がうっとうしくて、その一方で、輪の中にいながら共感できない自分が気になっていたのです。相手の意図はよくわかるものの、どこか醒めた目線で観察してしまい、そこに感情が追いつかなくて、「冷たい」と指摘されるのを恐れていたのです。

実際はそのような人は多くいて、それぞれに理由があるのでしょう。感情についても、豊かな人とそうでない人の差があるわけですから。思い返すと小学生の頃は、女子はやんちゃな男子のターゲットとなって順番に泣かされていましたが、ウーマンリブの走りの時期でもあり、子どもながらに自由と平等を求めて活動する「強い」女性に憧れていた私は、最後まで涙を見せないぞと強固な意志で過ごしていました。そのため、くじけそうな感情を殺して自分を強く見せる癖がついたのかもしれません。

感情を考える

まずは共感性や社会性を語る上で避けて通れない、感情について見ていきます。感情とは、何とも処し難いものです。平静な状態ではその存在に気づかないのに、取り扱い損なうと面倒なものとして顕在化します。怒りに振り回されたり、強い悲しみから抜け出せなくなったりなど、激する感情はできれば隠したいものです。一方、感情の平坦な人を目の前にすると、人間味の薄さや距離を感じます。

そもそも、感情とは何物なのでしょうか。精神分析では、リビドーを心のエネルギー源としていますが、これは感情の一側面ととらえることもできると思います。また、近年、マインドフルネスとして脚光を浴びている瞑想では、感情は邪魔者として登場します。古典仏教の流れを受けているヴィパッサナー瞑想(2)では、心の平静さや気づきを阻害するものとして扱われています。瞑想では、この瞬間の「サティ（知覚力・気づき）」を維持することを目標としますが、そのための障害となる過去や未来と感情的に結びつくことを徹底的に排除するのです。このように、いずれにせよ、感情は目の前の状況にうまく処するために、障害物としてコントロールすべきものとして扱われています。そして、その中身については詳しく論じられていません。

心理学での感情の扱い方については、知能と比較するとわかりやすいでしょう。知能指数であるＩＱでは、言語や記憶といった様々な知能そのものの高さを測定するのですが、心の知能指数とされる感情指数ＥＱでは、感情そのものではなく、感情をうまく管理し利用する能力を測定するのです。心理学では、感情そのものを重視していないことがわかります。

表情を通して感情を研究する

感情を科学的に扱う足がかりを作ったのは、進化論で有名なチャールズ・ダーウィンだと思います。動物から人への表情の進化を論じたダーウィンは、表情という具体的な形態を通じて感情を間接的に語り、その後の感情研究の道筋を作りました。「表情」という明確な対象を設定することによって、感情という曖昧な対象を研究する道筋を示したのです。

一八七二年に発刊された、ダーウィンの著書[3]では、表情の進化を論じています。表情の起源は、相手との社会的な関係の調整です。感情を豊かに表現できることが社会を作る動物の特徴なのですが、その例として、オオカミを祖先とするイヌが挙げられています。集団で狩りをして生活するオオカミは、仲間内の上下関係の維持が重要で、こうした関係性を身体で表現します。寝転がって腹を見せるしぐさがイヌではよく見られますが、自分の弱い部分をあえてさらけ出して闘う気がないことを示す、劣位の表現です。一方で、毛を逆立ててほえて威嚇するのは、自分が上位であることを示す表現です。

表情の進化は、表現の身体から顔への移動です。イヌやオオカミが全身で表現していた感情が、人では顔に集中しています。身体での感情表現では相手と一定の距離を置くのに対し、その距離が縮み、近距離で感情を伝えることができるのです。顔への感情の集中は、サルから始まるとも言われています。サルは、攻撃をしかける相手には唇を丸くして突き出し、逆に相手に従いますといった弱気な表情では歯を見せます。この歯を見せる表情が、他の動物には見られることのなかった、人が持つ微笑みの起源とも言われています。複雑な人間社会では、表情の種類は増えるようです。サルと比べると、表情を作り上げる表情筋が、人では細かく分化していることが示されています[4]。

ダーウィンは、表情筋に注目した点で先駆的でした。それこそが表情と感情とのつながりを示すもので、一八八〇年代のウィリアムズ・ジェームズの「楽しいから笑うのではない、笑うから楽しいのだ」という名言の通り、表情筋の動きが感情による生理的な反応につながっているからです。これにより、表情を分析することによって、感情を知るという研究の道筋ができたのです。

ダーウィンの偉業を現代につないだのは、表情研究の創始者であるポール・エクマンです。彼は進化論の発想を引き継ぎ、一九七〇年代に表情の通文化性の研究を行いました。西洋社会の影響を受けていない奥地に出かけ、表情写真を見せた実験を行ったのです。そこで表情が文化の違いを超えて共通のカテゴリに分類されることを示したのです。時代によって数は異なりますが、驚き、恐れ、怒り、悲しみ、嫌悪、喜びが基本6表情と呼ばれ、文化を超えて共通とされています[5]。

地道に表情と感情を研究した一派もあります。エクマンらの手法がカテゴリ判断法と呼ばれるのに対し、次元評定法と呼ばれる手法を用いたグループは、あらかじめ人為的なカテゴリを設定せずに、統計的に感情や表情を分類しました。[6] これは、様々な感情を示す感情語や表情写真の評定値の数値をもとに感情を分類するといった、心理学の方法論からすると手堅い研究手法でした。一九五四年のハロルド・シュロスバーグの研究[7]から始まり、多次元尺度構成法で表情の形態による分類をした一九八五年のジェームズ・A・ラッセルの研究[8]へと、感情の分類の基盤となる「快―不快」と「覚醒」の二つの次元が浮かび上がりました。次元派は、喜怒哀楽等の感情はカテゴリとしてそれぞれ独立して存在するのではなく、この二つの次元上に付置すると考えるのです。

次元派が洗練された統計手法で表情の特性を明らかにしたのに対し、エクマンは文化人類学に近い角度から泥臭く表情を追究しました。野心家のエクマンは、表情を読み取る仕組み、「顔面動作符号化システム（facial coding system：ＦＡＣＳ）」を考案します。観察可能な表情筋の動きに合わせた「アクションユニット（action units）」をもとに表情を解析し、表情から嘘を見抜くこともできるという優れものです。

表情筋に注目したことは、感情や表情の研究としては大切な視点でした。筋肉を通じて感情と表情はつながる、それこそが表情の極意で、また瞑想の最中にわきあがる感情に飲み込まれることを禁じる理由だと思うのです。つまり、顔に如実に表れる表情によって、感情は他者に伝わり、他者の行動を変えます。泣いたら相手を同情させることができ、怒りを見せれば相手の行動を止めることができます。意図するしないにかかわらず、感情は表情を経由して相手を操作するのです。瞑想では感情を排してこの因果を止めることが勧められるとしても、進化からすると、それが表情の本来の役割です。

ところで、改めて表情の実験を振り返ると、ほとんどの実験で写真に写された表情が使われています。それは、表情の本来の働きの一部を取り出したものに過ぎないのではないでしょうか。その背後に、すくいきれていない表情の本質があるように感じます。感情は筋肉を通じて、表情を介して人々をつなげる、そんな役割を持つことも忘れてはならないのです。

共感性と「心の理論」

ここで話を共感に戻しましょう。共感とはどのようなものだと思いますか。先に共感性には二つの能力があると言いました。冒頭で挙げた極端な例のように、他者の心をよく読めているように見えて感情が伴わない人と、情感豊かに同調しているように見えて他者の状況を把握していない人がいます。みなさんは、どちらを共感性と判断しましたか。おそらく日本人の多くが、後者を共感性に近いと判断すると思います。

実は学生の頃、共感性の心理学研究をもどかしく思っていました。科学的に共感性を測ろうとする研究が表面的に見えて、自分が感じる共感性とかけ離れているように感じたのです。今から思えば、客観的視点で現象を見る技術を学ぶ前の、日本人らしい素朴な意見でした。

私が心理学の研究を始めた頃は、共感性を調べると、必ずと言っていいほど、他者の心を読む能力である「心の理論」に行き当たりました。欧米では、共感性は心を読む能力と同義と考えられていたからですが、共感性を感情の共有ととらえる日本人からすると異質な視点です。

始まりは、チンパンジーの研究です。ダーウィンが表情の進化を考えたように、共感性も進化の観点からとらえられていました。チンパンジーの言語プロジェクトを担うデイヴィッド・プレマックとガイ・ウッドラフが、一九七八年に「チンパンジーは心の理論を持つか？」という論文[9]を発表しました。その中で、チンパンジーが人の意図を推測することができるかを検討したのです。その実験は、ある人物が問題に直面している状況のビデオを見せて、解決場面の写真を選択させるというものでした。たとえば「とれない場所にあるバナナをとろうとしている」といった状況ですが、実験の結果、チンパンジーは正しく写真を選ぶことができたのです。

この論文が発展したきっかけは、哲学者ダニエル・デネットの思考実験です[10]。一人の実験者がバナナの入ったロッカーの鍵を赤い箱に入れて部屋を出た後、別の実験者が部屋に入り、鍵を緑の箱に移す――こうした場面をチンパンジーが観察したとします。その後、最初の実験者が部屋に戻り、チンパンジーにバナナをあげようとする――その際、チンパンジーはどのように予測するでしょうか。デネットは、相手の心（真実を知らない他者の誤った信念：誤信念）を正しく推測し、最初の実験者の立場に立って状況を推論できるならば、戻ってきた後に赤い箱に行くと予測できるはずだと提言しました。相手の心を推測できなければ、実際に鍵がある緑の箱に行くと予測するでしょう。

デネットの提言をもとに、ハインツ・ウィマーとジョセフ・パーナーは一九八三年に、「マキシ課題」と呼ばれる誤信念課題を作って三歳から七歳の子どもに実験を行い、四歳児までは他者の状況を予測できないことを示しました。[11] さらに、一九八五年にはサイモン・バロン＝コーエンらが同様の誤信念課題である「サリーとアン課題」を自閉症児に行い、心の理論は爆発的に有名になったのです。[12] 実験の結果、同程度の知能を持つダウン症児と四歳児の八割が他者の状況を予測できたのに対し、自閉症児群では約二割しか予測できなかったのです。自閉症児が他者の立場を適切に推測できないことは、イギリスの菓子を使った「スマーティー課題」で顕著となりました。[13] スマーティーとは、日本のマーブルのように筒の中に粒状のチョコレートが入ったものです。自閉症児に「筒の中には何が入っているかな？」と質問し、筒の中味を見せます。実はあらかじめ、鉛筆を入れておいたのです。チョコレートと答えた自閉症児に、予想外の鉛筆を見せ、驚く様子を観察したところで、「では、他の人がこのスマーティーの箱を見たら、中に何が入っていると思うかな？」と質問します。結果、自閉症児は鉛筆と答え、他者の立場を推測できないことが明らかになったのです。

こうして、自閉症児が他者の感情を読み取れず、コミュニケーションが苦手な原因は、相手の心を適切に推測できない「心の理論」の問題だということが明確になったのです。最近の社会脳の研究では、「心の理論」の感情にかかわる推測は、メンタライジングとも呼ばれています。

共感性を考える上では、遺伝疾患である発達障害のウィリアムズ症候群も特徴的です。7番染色体の微細な欠失が病因の遺伝性疾患で、心血管の異常などの身体症状の他に、特徴的な認知様式を持つことが知られています。自分の家で迷うほどの空間認知の障害が見られる一方で、他者への関心が高く、音楽や会話の能力が高いという特性を持っています。おしゃべりで人懐っこく、物怖じせずに誰彼となく話しかけ、他人の痛みを自分の痛みのように感じ取ることができる様子から、共感性は高いと見られています。しかしその行動は独特で、自他の垣根がない感じで、相手の立場を考えない特徴も見られます。ウィリアムズ症候群でも他者の状況を推測する心の理論が弱い可能性がありますが、身体的な共感性は高いようです(14)。

メンタライジングと共感とは、脳の中のシステムとしては別のものと考えられています。たとえば、頭の中で操作的に他者の心を考えるメンタライジングに対し、身体が介在して他者とのつながりを持つ、ミラーシステムと呼ばれる働きもあります。目の前にいる他人と同じ動作をしたり、同じ表情を作ったりと、身体と身体がシンクロする、こうした行動を支える脳の働きです。自閉症児では、感情に合わせて表情を作る時や他人の表情を見る時に、ミラーシステムに当たる下前頭回弁蓋部の活動が弱いという実験結果(15)もあります。

ミラーシステムは身体を基盤とすることが特徴です。感情が表情を通じて世界や人とつながっているように、ミラーシステムは身体を通じてつながっているのです。ただし、身体を通じたつながりは、目の前の人と一体感を持った反応であり、相手と自分との境界が曖昧です。他者を尊重した関係を作るためには、この一体感が邪魔することもあるでしょう。すべての人が、自分と同じとは限らないからです。そこで距離感も重要で、相手の立場と状況を考えるメンタライジングが必要になるのだと思います。

共感性と感情の共有と同調と

ここで、共感性と文化の違いについて再び考えたいと思います。「心の理論」を前提とした欧米の共感性に日本人である私が違和感を持ったのと同じように、欧米諸国から見れば、空気を読んで感情を共有し合う日本の共感性は特殊に見えるのかもしれません。そもそもメンタライジングの語源は英語の「メンタル」あるいは「マインド」であり、感情（エモーション）とは区別される、理性的な、知的に推測する対象としての心です。この視点からすると「心の理論」は腑に落ちるものなのでしょう。

とは言え、日本の共感性は相手のことを察して思いやることにつながり、欧米諸国の人々にとっても心地よいものでしょう。日本の空気感や同調圧力がつらくなった時、海外に出ると絡まった糸から解放された気分になったりしますが、積極的に主張しないと損するような国でのやりとりに疲れた後に、日系の飛行機で乗務員の「おもてなし」に触れると、ほっとしたりするものです。日本人は心のどこかで、「察してくれる」ことを求めているのかもしれません。

一方で、互いに感情を共有しすぎるとつらくなることについては、もっと自覚してもよいでしょう。前述のように、私自身の学校生活を思い出すと、ドライになりがちな自分と、周囲のクラスメイトの空気感の隔たりを重く感じていました。自分の言動で周囲を傷つけるのが怖くて、周りと距離を置いていたように思います。今の時代も、同じような学校生活を過ごしている人は少なくないのではないでしょうか。空気を読みすぎることは、しみじみとしんどいのです。さらに、ＳＮＳの世界でも、突出した意見が同調圧力で叩かれ、対話の余裕がないことは、見ていてつらく感じます。何よりバランスを持った共感が大切なのだと思います。相手に寄り添う気持ちは大切なことですが、それを押しつけない、あるいは入り込みすぎて巻き込まれないことも、互いのために必要でしょう。

これまで、先天的な発達障害を例に共感性の違いに触れてきましたが、後天的な個人差もあります。つまり、育った文化や社会からの影響も少なくないということです。ＳＮＳの広がりで気づいている人もいると思いますが、人間関係を広く持つと、それがストレスになることもあります。こうしたストレスが、恐怖を処理する脳の扁桃体に影響を及ぼす可能性があります。人の多い大都会で生活する人は扁桃体の活動が亢進し、それが精神疾患につながる可能性が示唆されています[16]。また、日本のように人間関係が密で距離が近い社会ではストレスも大きく、心身への影響が大きい可能性もあります。相手に寄り添う気持ちの先に、互いのストレスに気づくという思いやりがあってもいいのかもしれません。

引用文献

（1）Kennedy, D. P., & Adolphs, R.（2012）. The social brain in psychiatric and neurological disorders. *Trends in Cognitive Sciences, 16(11)*, 559-572.
（2）ウィリアム・ハート『ゴエンカ氏のヴィパッサナー瞑想入門——豊かな人生の技法』太田陽太郎（訳）、春秋社、一九九九年。
（3）チャールズ・ダーウィン『人及び動物の表情について』浜中浜太郎（訳）、岩波書店、一九九一年。
（4）Ekman, P.（Ed.）（2006）. *Darwin and facial expression: A century of research in review.* Ishk.
（5）ポール・エクマン、ウォレス・V・フリーセン『表情分析入門——表情に隠された意味をさぐる』工藤力（訳編）、誠信書房、一九八七年。
（6）千葉浩彦「感情の変容と表情」、吉川左紀子・益谷真・中村真（編）『顔と心——顔の心理学入門』サイエンス社、一九九三年、一一〇—一三五頁。
（7）Schlosberg, H.（1954）. Three dimensions of emotion. *Psychological Review, 61(2)*, 81.
（8）Russell, J. A., & Bullock, M.（1985）. Multidimensional scaling of emotional facial expressions: similarity from preschoolers to adults. *Journal of Personality and Social Psychology, 48(5)*, 1290.

(9) Premack, D., & Woodruff, G. (1978). Does the chimpanzees have a theory of mind? *Behavioral and Brain Sciences, 1*, 515–526.

(10) 金沢創『他者の心は存在するか——他者から私への進化論』金子書房、一九九九年。

(11) Wimmer, H., & Perner, J. (1983). Beliefs about beliefs: Representation and constraining function of wrong beliefs in young children's understanding of deception. *Cognition, 13*, 103–128.

(12) Baron-Cohen, S. (1995). *Mindblindness.* MIT Press.(『自閉症とマインド・ブラインドネス』長野敬・長畑正道・今野義孝(訳)、青土社、一九九七年。)

(13) Perner, J., Leekam, S. R., & Wimmer, H. (1987). Three-year-olds' difficulty with false belief: The case for a conceptual deficit. *British Journal of Developmental Psychology, 5*, 125–137.

(14) Järvinen, A., Korenberg, J. R., & Bellugi, U. (2013). The social phenotype of Williams syndrome. *Current Opinion in Neurobiology, 23(3)*, 414–422.

(15) Sato, W., Toichi, M., Uono, S., & Kochiyama, T. (2012). Impaired social brain network for processing dynamic facial expressions in autism spectrum disorders. *BMC Neuroscience, 13*, 1–17.

(16) Lederbogen, F. *et al.* (2011). City living and urban upbringing affect neural social stress processing in humans. *Nature, 474*, 498–501.

7 顔の区別が必要になったわけ

いたるところに顔を発見する脳

私たちの身の回りには、様々な顔があふれています。目の前にいる人や自分の顔だけではなくて、顔写真や肖像画、コマーシャルで見かける人の顔。それ以外にも、イラストや漫画の顔、顔文字までであります。今、この本から目を離して周りを見回すだけでも、なにかしらの顔を見つけるのではないでしょうか。本章では、こうした顔の見方について考えてみたいと思います。

人は顔が好きなのです。あるはずもないところに顔を見つけて楽しむことすらあります。天井の節穴や木目に、顔を見つけて驚いたことはありませんか。コンセントの穴や、家の窓と扉などの三点を目口に見立て、そこに顔を見ることもあります。前者は「パレイドリア」、後者は「シミュラクラ」と呼ばれる現象で、その実例を収めた写真は世界中で愛好され、インターネット上にも多くアップされています。

あるはずのないところに顔を見るのは、脳の働きによるものです。幻視が特徴のレビー小体型認知症患者では、脳のちょっとした暴走で顔が見えすぎることがわかっています[1]。患者を対象に様々な物体に顔を見出すかのテストを行ったところ、誰もが首をひねるようなところにも顔を見出す傾向が示されたのです。こうした顔への過剰と言える反応が、あちこちに小人が見えるなどの幻視へとつながっているのかもしれません。

顔への脳の反応を直接とらえた研究もあります[2]。てんかんの手術を受ける患者の脳に直接電気刺激を施して、その反応が調べられました。手術予定の脳の働きを調べる一環として行われた研究です。刺激対象は、顔に反応する紡錘状回顔領域でした。患者に、紙に書いた文字やバスケットボールを見せ、電気刺激を施すと、文字やボールの中に顔が見えると訴えたのです。何もないところに顔が見えるのはまさに脳のしわざであることを示しています。さらに、患者の前に実験者を立たせて電気刺激を施すと、「顔が変形して、人の顔じゃないみたいになった」と答えました。脳への刺激が、実際の顔を見ることに勝ったとも言える結果です。

さて、シミュラクラやパレイドリアで顔を見つけ出すポイントは、顔の上部の目の位置に二つの目らしきものがあり、顔の下部の口の位置に口のようなものが一つあるという配置です[3]。つまり、人が顔を見るのは、目や鼻や口のそれぞれの特徴ではなくて、目鼻口の配置にあるということです。

この特徴は、赤ちゃんが顔を探し出す法則ともつながっています。目や口の特徴を持たなくても、黒い四角を上に二つ、下に一つ置く「トップヘビー（top-heavy）」の構造を、こうした配置を持たないものより新生児が好むことが示されています[4]。さらに、胎内にいる胎児にこの配置で光を照らすと、そちらのほうを向く行動を示すことが報告されています[5]。これは、シミュラクラやパレイドリアのような顔の鋳型を、人が生得的に持つ証拠とも言えます。それは、動物行動学者のコンラート・ローレンツが発見した「刷り込み」に似ています。セグロカモメなどのヒナ鳥が生存のため、生まれつき親鳥を把握する鋳型を持つという現象です。

相貌失認を再考する

脳血管障害や事故などで顔を処理する脳の部位が壊れると、顔が区別できなくなる、相貌失認という状態になります。と説明しても、この実態はなかなか伝わりにくいです。同じ脳の障害でも、言葉が出なくなったり、会話が通じなくなったり、支離滅裂なことを喋り出したりする言語障害と比べると、問題がはっきりしないせいでしょう。顔を見るとは、意識せずに行っている、定義の難しいふわっとしたことなのですが、この能力を失うと人は困るのです。

たとえば、「嫁の人相がわからなくなって困る」と、都内の大学病院の心療内科に相談にきた女性がいたそうです。人相が何をさすのかからしてつかみどころがない話ですが、検査の結果、相貌失認であることがわかりました。「事故に遭う前にはそれぞれの顔が見えていたのに、今は風船が並んでいるようにしか見えない」と語る人もいます。体験者の語る言葉はリアルなようでいて、部外者からはその実情を理解することは難しくもあります。

相貌失認は、顔を担当する脳の部位である、右の耳の奥のほうに位置する側頭葉・後頭葉の損傷が原因です。家族など身近な人の顔がわからなくなったり、好きだったアイドルや女優の顔もわからなくなったりします。要するに、顔の区別がつかなくなるのです。問題は顔に限定されるため、その人の声や髪型、あるいはその日着ている服装から、相手を特定することはできます。

このように説明している顔の専門家である私自身も、相貌失認になったことはないので、実感はわきません。しかし、「相貌失認というのはこういう気分なのかも」と思うことは時々あります。スーツ姿の似たような男性がずらりと並ぶ国会議員の集合写真、黒髪で似たような髪型の黒いスーツ姿の就職活動中の女子学生の集団、あるいはアイドルグループのメンバーが「みんな同じ顔に見えて区別がつかない」とむずむずする気分に通じるかもしれません。しかし、この場合の顔の区別のつきにくさは、顔認知のモデルから説明できます。原因は、自分が普段よく見る顔との乖離にあります。自分と離れた世代の同質の顔が並ぶと、わかりにくさは加速されるのです。

相貌失認者の話に戻ると、顔があることはわかるので、生得的なトップヘビーの顔の鋳型は機能しているわけです。ただし、顔学習を重ねた成人の顔認識は別次元です。トップヘビーで顔を探し出してたくさんの顔を見ることにより、鋳型はブラッシュアップされます。見た顔の特徴をもとに顔の鋳型は更新され、よく見る顔の特徴の平均を中心とした顔認識モデル(6)が作り出され、顔を区別する物差しとなります。相貌失認者は、このモデルが使えなくなったとも言えるのです。

顔を見るためのモデル

「顔認識モデル」は、より効率的に顔を区別するために働くものです。そもそもこうした顔認識モデルを持つことにより、誰もが顔に関してはマスターです。そしてこのマスターのレベルを失った人たちが、相貌失認者とも言えます。

顔ほど多く記憶できる対象は滅多にないのですが、特殊な事例もあります。たくさんの鳥を覚えているバードウォッチャーや、同じ犬種をたくさん育てるブリーダー、似たような車を区別できる車のディーラーなどです。これらの人たちは、得意分野の能力にも顔に関する脳領域を使っているのです。

その証拠として、相貌失認になったバードウォッチャーが、鳥も区別できなくなったことが報告されています[7]。また、人よりもポケモンに夢中の自閉症児では、顔ではなくポケモンに、顔に関する脳領域が反応することも報告されています[8]。矛盾するようですが、顔に関する脳領域は、顔以外にも使われることもあるのです。似たりよったりの視覚対象を大量に記憶すること、それが顔に関する脳領域の役割の肝なのです。

「顔認識モデル」に話を戻しましょう。このモデルは見た顔の比重により、よく見た顔の特徴を中心に、見る頻度の少ない顔の特徴を周辺とする空間軸で構成されます。これが顔を区別する基準となるのです。結果、中心に位置するよく見る顔は区別しやすく、周辺に位置するあまり見ない顔は区別しにくくなります。同世代の顔が中心になり、世代が離れてよく見ない顔は周辺となり、普段、子どもをあまり見ない人ならば、周辺に位置する子どもの顔は区別しにくくなります。それぞれの人の顔認識モデルにより、区別しにくい顔と区別しやすい顔ができるのです。欧米の映画で、登場人物の区別がつかなくなった経験があるかもしれません。外国人の顔が覚えにくいことは、他人種効果と呼ばれます[9]。これは目撃者による証言で、犯人が他人種である場合に、顔の区別がつきにくいという事実を発端として、研究が進展したのです[10]。こうした現象がいつ頃からどのように生じるのかについては、多くの研究が行われてきました。

「顔認識モデル」は、生まれてから生後半年くらいまでは未発達で、むしろユニバーサル仕様です。生後半年以下の赤ちゃんは、大人には区別できないサルや羊の顔を、人の顔と同じように区別できることが示されています。それが生後九カ月になると、サルや羊の顔の区別ができなくなります。顔認識モデルは、種を超えたものから人の顔へと特化していくのです[11]。

顔を見る能力の多様性

ある時を境に顔を見る能力を失う後天性の相貌失認者に対し、生まれつき顔を見るのが苦手な先天性の相貌失認者もいます。二〇〇〇年代になってその存在が広く知られた先天性相貌失認ですが、人口の二パーセント程度が該当するそうです[12]。先天性相貌失認の性質は親族で共有するため、遺伝性とも言われています[13]。

たいていの先天性相貌失認者は、顔を見ることに問題があるとは思いもしないようです。後天性相貌失認者ならば以前の生活と比べて不便を感じるのですが、先天性相貌失認者は自分の見え方が普通と思っているからです。わからないのは顔だけで、声やその日着ている服装などで相手が誰かは特定できるので、その人なりのやり方で人を見つけ出しているのでしょう。

それでも、対人関係でちょっとした違和感を持つこともあるようです。「道ですれ違ったのに、無視された」という人間関係のいざこざの背景には、意図して無視しているわけではなく、相手が誰だかわからないということもあるのです。学校に通う生徒なら、名札や教室のどの席にいるかで友達を把握しているかもしれません。そんな目印がなくなった校外で友達を見つけ出すことは難しく、いつもの制服姿とは違う私服姿をスルーすることもあるでしょう。しかし、この程度のことなら、誰もが一度は体験する範疇の中にあります。しかし、会社で電話を取り次ごうとして、自席を離れた社員の顔がわからず、目の前にいるのに「不在」と伝えてしまうようなこともあります。あるいは、街中で家族に偶然会ってもとっさに気づけないとか、家族が万が一事故に遭った場合に、顔だけで探し出せるか不安に思う人もいます。このレベルになると珍しいのですが、実際そのような人は存在します。

こうした人たちがいる一方で、人一倍優れた顔を見る能力を持つ「スーパーレコグナイザー」と呼ばれる人もいます。顧客の名前や職業をすべて頭に入れているベテランのホテルマン、何十人もの逃亡犯の顔を頭に叩き込む「見当たり捜査員」など、顔を覚えることに特化した仕事もあります。「見当たり捜査員」は、一度も会ったことのない犯人を、顔写真を手がかりに街中で見つけ、検挙します。顔を見る能力は、振れ幅が大きいのです。

区別できる顔は増え続けるのか

最後に、少し大胆な話をしてみようと思います。そもそも顔を見る能力はそれほど必要なものだったのでしょうか。先天性相貌失認の存在や、顔を見る能力に個人差があることなどから、顔がわからなくてもどうにかなるのではとも思えます。さらに言うと、私たちの脳に顔専門の領域ができたのは、発達的にもそうですが、進化的にもいつ頃からだったのかという疑問もわきます。人は、たくさんの顔を区別して記憶できます。それは特別な能力で、多くの顔を覚えるために、脳の特別な位置があてられているのです。しかし、その領域が現在のような機能を備えたのは、近代になってからのことではないかとも思えるのです。

第4章でもふれたように、二〇一八年に行われたある実験[14]では、一時間で知り合いは平均三六二人、有名人は平均二九〇人を思い出すことができ、そこから五〇〇〇人程度の知り合い、四二四〇人の有名人の顔を認識できるとシミュレーションされました。圧倒的な数と思う反面、知り合いの平均三六二人という数は、たとえばFacebookで友達が多い人の、リアルな友達の数とほぼ同じだろうと感じます。

一九九〇年代に顔研究を始めた頃から、人が顔をいくつ覚えているかは最大の謎でした。三〇年ほど続けた顔研究の歴史を見ると、疑問を持ち始めた一九九〇年当時は、覚えられる量はせいぜい一〇〇を超すくらいと思っていました。タイムマシンに乗って時代をさかのぼって実験することは不可能ですが、もし同じ実験を当時したとしたら、結果はきっと異なると思います。しかし、そうした違いの根拠はどこにあるのでしょうか。

ウェブ上で友人関係を展開する、Facebookをはじめとするソーシャルネットワーキングサービスが普及したのは、二〇一〇年のことでした。これにより、実際に会う人以上の多くの人とつながり、その顔写真を、ウェブを介して見ることになったのです。こうしたサービスも、言葉を介したものから、それぞれの画像や動画を介した交流へと発展し、それによりつながりは言語の壁を越えて世界中に拡大しました。これが認識できる知り合いや有名人の数の増加の背景にあるのではないでしょうか。

振り返ると、インターネットが普及した二〇〇〇年代には、以前よりも多くの有名人の顔をウェブを介して見ることになりました。今では当たり前のウェブでの画像検索で、自分の見たい顔は見放題です。これまではテレビを介して見ていた海外ドラマもオンラインで見放題、すべてが三〇年前とは全く違う次元です。

さらに一九七〇年代までさかのぼると、テレビの普及で自宅にいながら無料でたくさんの有名人の映像が見えるようになったのは画期的でした。それまでは映画館まで足を運んでお金を払ってようやく有名人に触れることができたのに、極めてカジュアルに有名人に会えるようになったのです。その変化も劇的ですから、テレビの普及前に実験したとしたら、さらに違った結果となることでしょう。メディアの変化により、有名人に触れる機会が拡大したわけです。

もっとさかのぼると、現実に出会う知り合いの数も違っていた可能性があります。飛行機や電車・自動車といった交通手段がなかった時代には、地域を越えて人と出会う機会は少なかったことでしょう。飛行機を使った海外旅行もなく、新幹線で気軽に遠くに行くことのない時代では、出会う顔は限られたものだったのではないでしょうか。江戸時代までさかのぼると、目にする顔や地域は限られたものだったと想像できます。ただし、世界有数の過密都市の江戸では、出会う人の数は世界のたいていの都市よりも多かったかもしれません。

江戸時代には、浮世絵に多くの歌舞伎役者の顔が描かれました。今見れば均質で個性は少ないように見える浮世絵の人物たちですが、当時の人からすればそれぞれ個性あふれる顔だったのです。また中世の絵巻物に描かれている庶民の顔には豊かな個性があります。これらの描かれた顔からは、当時の人々がどのように顔を見ていたかを想像できるでしょう。タイムマシンを使って実験できなくとも、当時の顔の見方を推測するのは楽しいものです。

日本だけでなく、世界各国のそれぞれの時代の絵画に描かれた顔から、さらにはもっと歴史をさかのぼって先史時代の土偶や土器に表された顔からも、人々の顔の見方を類推できるかもしれません。もちろんそれはイメージに過ぎないかもしれませんが、そこから当時の顔の扱い方、さらには当時の人間関係や社会構造にも、思いをはせることができると思います。

たとえば、描かれた顔の個別性を検証するだけでも、興味深い推測ができそうです。人類最古の絵画である洞窟壁画では、人は棒で表されています。やがて個性を持った王が出現し、何者かの顔になります。特別の個性を持つ神や王は、今の時代の有名人と比べれば少ないでしょう。そこから推測するに、神や王と極めて身近な親族は覚えておくけれど、それ以外の人々の個別性はそれほど意識する必要がなかったのかもしれません。一人一人の顔を見出し、覚える必要性が生じたのは、集団が大きくなり、複雑な社会構造ができてから。それまでは、覚えていなくても不都合はなかった可能性さえあるのではないでしょうか。

顔を見る能力は、人々の関係のせめぎ合いの中で鍛えられたのかもしれません。つまり、複雑な人間関係を作り、互いに覚えていて当然という状況になったがため、私たちの脳は次第に、顔に関する領域を発達させる方向に進化してきたのかもしれないということです。事例の相貌失認者が失って困った「人相」については、古代ギリシャのアリストテレスの時代にも議論されています。人は、いつの時代から人相が気になり始めたのでしょう。これも顔を認識するプレッシャーの産物の一つにも思うのです。

一方、この数年間はコロナ禍の影響で、顔をマスクで半分隠す状況が続きました。「顔を見る・見られる」のプレッシャーは減っているかもしれません。その上、メタバース時代の到来です。アバターを使った交流では自分の顔は不要、そんな交流が主流となる時代では、顔を見るメカニズムも変わるのでしょうか。また、ペッパーをはじめとした今のロボットは、製品として同じ顔をしていますが、漫画の未来世界で描かれるアトムやウランちゃんは、それぞれ個性のある顔を持っています（ドラえもんは、同じ規格の製品の一つだったかもしれません）。アトムやウランちゃんみたいに、未来のロボットは個別の顔を持って人とつき合うようになるのでしょうか。顔から関係性を探るのも、興味深いことだと思います。

引用文献

（1）Uchiyama, M., *et al.* (2012). Pareidolias: Complex visual illusions in dementia with Lewy bodies. *Brain, 135(8)*, 2458–2469.

（2）Schalk, G., *et al.* (2017). Facephenes and rainbows: Causal evidence for functional and anatomical specificity of face and color processing in the human brain. *Proceedings of the National Academy of Sciences of the United States of America, 114*, 12285–12290.

（3）Ichikawa, H., Kanazawa, S., & Yamaguchi, M. K. (2011). Finding a face in a face-like object. *Perception, 40*, 500–502.

（4）Simion, F., Valenza, E., Macchi, V., Turati, C., & Umiltà, C. (2002). Newborns' preference for up-down asymmetrical configurations. *Developmental Science, 5(4)*, 427–434.

（5）Reid, V. M., Dunn, K., Young, R. J., Amu, J., Donovan, T., & Reissland, N. (2017). The human fetus preferentially engages with face-like visual stimuli. *Current Biology, 27(12)*, 1825–1828.

（6）Bruce, V., & Young, A. (1986). Understanding face recognition. *British Journal of Psychology, 77(3)*, 305–327.

(7) Bornstein, B. (1963). Prosopagnosia. In L. Halpern (Ed.), *Problems of dynamic neurology* (pp. 283-318). Grune and Stratton.

(8) Grelotti, D. J., *et al.* (2005). fMRI activation of the fusiform gyrus and amygdala to cartoon characters but not to faces in a boy with autism. *Neurochologia, 43*, 373-385.

(9) Valentine, T., & Endo, M. (1992). Towards an exemplar model of face processing: The effects of race and distinctiveness. *The Quarterly Journal of Experimental Psychology, 44(4)*, 671-703.

(10) Meissner, C. A., & Brigham, J. C. (2001). Thirty years of investigating the own-race bias in memory for faces: A meta-analytic review. *Psychology, Public Policy, and Law, 7*, 3-35.

(11) Pascalis, O., de Haan, M., & Nelson, C. A. (2002). Is face processing species-specific during the first year of life? *Science, 296*, 1321-1323.

(12) Kennerknecht, I., Plümpe, N., Edwards, S., & Raman, R. (2007). Hereditary prosopagnosia (HPA): The first report outside the Caucasian population. *Journal of Human Genetics, 52*, 230-236.

(13) Behrmann, M., & Avidan, G. (2005). Congenital prosopagnosia: Face-blind from birth. *Trends in Cognitive Sciences, 9(4)*, 180-187.

(14) Jenkins, R., Dowsett, A. J., & Burton, A. M. (2018). How many faces do people know? *Proceedings of the Royal Society B: Biological Sciences, 285*, 20181319.

8　ルッキズムとアンコンシャスバイアス

就職活動をルッキズムから考える

日本の就職活動では、当たり前のように履歴書に顔写真を貼りつけます。就活生にとって自分の顔写真への関心は高く、髪型や服装や表情の作り方に至るまで、好印象を作り出そうと格闘するようです。書類通過率を誇る写真館や、特定の業種に強い写真館もあるほどです。対する欧米では、採用にあたって写真を求めることを禁ずる国も多いです。顔写真からは人種や性別や年齢が一目瞭然なので、見た目による就職差別をなくすためです。こうした諸外国からすると、日本での履歴書の顔写真に対する過熱ぶりは不思議に映ることでしょう。

そんな日本でも、ルッキズムが取り沙汰されるようになりました。かく言う私は、長年顔研究に携わってきましたが、ルッキズムについてきちんと把握できたのは、新学術領域研究「顔・身体学」を始めてからでした。今回は、私が顔・身体学の倫理学や社会学から学んだルッキズムについて、心理学者の立場からまとめてみます。専門外のこともありますが、ルッキズムのように実社会に深く根づく問題は、様々な視点から未来を見据えて考えることが大切だと思うのです。

まずはルッキズムの歴史についてです。社会学者の西倉実季[1]は、ルッキズムを、「場面と関係のない外見評価」によって不利益を被ることとしています。西倉[2]によれば、最初に使用されたのは、一九七八年の「ワシントン・ポスト・マガジン」で、肥満が原因で尊厳を傷つけられたことへの抗議行動から作られた新語として紹介されたということです。また、辞書に掲載されるようになったのは二〇〇〇年以降のことで、『オックスフォード英語辞典』には、「外見にもとづく差別または偏見」と記されているそうです。

西倉[2]は、日本でルッキズムが注目を集めたきっかけの一つに、二〇二〇年六月の水原希子によるＳＮＳへの投稿を挙げています。一九九〇年から毎年発表されている「世界で最も美しい顔100人」（T・C・キャンドラーのサイト）にノミネートされた水原は、自身のインスタグラムで、「自分が知らない間にルッキズム／外見主義（容姿によって人を判断する事）の助長に加わってしまっているかもしれないと思うと困る」「このランキングによって偏った美の概念やステレオタイプな考えを広めて欲しくない」と、企画に異議を唱えたそうです。これは大学で開催されるミスコンにも少なからず影響を与え、イベントの中止や趣旨変更に結びついたということです。

歴史を振り返ると、アメリカでルッキズムという言葉が出現したちょうど同じ年の一九七八年にも、名古屋大学の大学祭の「ミス・キャンパス・コンテスト」が女性問題研究会からの抗議を受けて中止となっています（『週刊朝日』一九七八年六月二三日号）。この時、アメリカでは男女を問わず肥満者への差別が問題とされたのですが、日本では女性の容姿の美醜を問うことが問題になったというのは興味深いことです。日本とアメリカとでは、ルッキズムと見なされることに違いがあるようです。欧米では職場での採用や昇進にかかわる明らかな不利益が問題でしたが、一方の日本では、日常場面での外見の評価が問題でした。

背景には、それぞれの国での、顔や身体の見方や扱われ方の違いがあるように思います。たとえば多様な顔や身体がある国と、日本のように均質な顔や身体が並ぶ国とでは、各々の顔と身体の顕著性が異なります。多様で異質な顔や身体が並んでいると、区別をしてしまうのが人の本性です。ルッキズムでは区別に基づく不利益が問題になるわけですが、人の本性を解明する心理学は、その区別のメカニズムを調べます。ただし、区別が本性ということと、それを野放しにしていいかは別の問題です。区別が容易に差別に発展するのは、人種差別の歴史から知ることができます。実際に多民族の国では、履歴書の顔写真を回避しないと、人種・民族・宗教的マイノリティや先住民の不採用が増えることがわかっています。二〇〇六年にフランスで行われた企業を対象とした調査では、学歴や職歴が同じで顔写真だけ異なる履歴書を送ったところ、マグレブ出身のアラブ人やアフリカ出身の黒人よりも、フランス出身の白人の応募者を優遇したケースが、全体の七〇パーセントに達したと報告されています[3]。そのような数値が示されると、履歴書の顔写真の撤廃は必須となるわけです。

一方で、労働経済学には、容姿で収入が決まる「美貌格差」という概念があります。一九七〇年のアメリカの収入の調査で、容姿以外の要因を調整した値を算出したところ、同じ年齢・性別で平均的な容姿と評価された人を基準とすると、女性では平均以上と評価された人は八パーセント高い収入を得ているのに対し、平均以下と評価された人は四パーセント低い収入となることが示されています。一方の男性では、平均以上と評価された人は四パーセント高い収入、平均以下評価とされた人は一三パーセント低い収入となるそうです[4]。収入に関しては、女性は容姿がよいことが有利に働くのに対し、男性は容姿が悪いことが不利に働くようです。男性にも美貌格差はあるのです。

「美貌格差」の数値は衝撃的です。日本のように人々が均質な顔を持つ国では、外見による差別よりも、有利・不利に目が向くのは必然かもしれません。しかも日本では、「顔採用」を否定しない企業もあります。実際のところは、社員＋内定者の顔座標から独自の分類をするとか、メイクや服装で自分らしさを表現させるということのようですが、すんなりと納得できない点もあるように思います。

見た目の魅力で判断することを回避すればルッキズムから免れられるということではないし、日本人はそれぞれ似たりよったりで大差はないから差別もないよね、と済ませられる問題でもないのです。外見による有利・不利について、考えねばならない課題は多いのです。

人は外見を区別する生物である

心理学からは前提として、「人は外見を区別する生物」であることを考えてほしいと思います。しかもこの区別は意識下で起こるので、たちが悪いのです。それによる過ちは誰にでも起こりえますが、外見を区別する特性自体を否定するのは違うでしょう。たとえば人の赤ちゃんやヨチヨチ歩くひな鳥が外見で育て親を区別できないと生存にかかわるように、外見で区別することは生物としての本能なのですが、自分がバイアスを持ちうることに常に気づき、注意することが大切です。

心理学の研究から、無意識のうちに外見に基づく判断をする性質が明らかになっています。厳正に判断せねばならないはずの選挙が、顔で決まる可能性が示されたのは、衝撃的なことでした。二〇〇六年のアメリカの上院議員と州知事選挙の際、候補者の顔写真を、二枚一組で一〇〇ミリ秒という短時間並べて見せ、「どちらが有能か」を大学生に判断させました。実験は選挙前に行われ、学生の出身とは異なる地域の候補者の顔写真が使われました。実験の結果、大学生による有能さの判断から、七〇パーセントの確率で選挙の当落を予測できることがわかったのです[5]。

容貌で人を判断する傾向は、漢の時代や古代ギリシャのアリストテレスが伝えた「観相学」までさかのぼることができます。アリストテレスの観相学では、人の容貌を動物の形態と比較して性格を類推しました[6]。観相学の限界はアリストテレスも指摘していますが、ルネッサンス期に人気が復活し、一八世紀のドイツの哲学者イマヌエル・カントによる批判があった後、一九世紀のヨーロッパでは、ウィーンの医師フランツ・ガルによる「骨相学」が大流行します。その発想は犯罪学者チェーザレ・ロンブローゾに受け継がれ、兵士と犯罪者の比較から、犯罪を起こしやすい容貌を主張しています。こうした流れの中でアメリカでは二〇世紀初頭、人類学者と経済学者が政府の役人とともに、頭の「頭長幅指数（cephalic index）」を測っています。頭の長さに対する頭の横幅の比率を計算し、民族ごとの知性の違いを推定する表向きの名目のもと、社会上脅威をもたらす望ましくない移民の選別に使われました。北方のゲルマン民族よりも、イタリアや東ヨーロッパ、ユダヤ人が劣っていると見なしていたのです。差別を生み出した優生思想の影響を感じさせられます[7]。

アンコンシャスバイアスの存在に気づくことの大切さ

アリストテレスの話にもとづくと、容貌で人を区別するという人の性質は古代から存在し、それをそのまま放置しておくと、容易に差別へと転じることがわかります。この問題の根幹にあるのは、顔は誰のものかという問題です。表情を介してつながる人では、表情は相手に読んでもらうためのものでした。一方で、アイデンティティに関わる容貌は自分のものとしてのなわばり意識が強いにもかかわらず、見る側の判断の対象となっています。表情と容貌という二つの側面を持つ顔は、相手のためのものか自分のためのものかのバランスがとても難しいことが問題なのです。しかし、外見で区別して先入観を持つことは見る側の自由、と放任してよいのでしょうか。その判断は止められないとしても、その外見にアイデンティティを持つ顔の所有者を尊重し、相手のプライバシーにずけずけと入り込まない配慮は必要だと思うのです。

履歴書の顔写真について言えば、肌をきれいに見せて多少盛る加工など、積極的に印象を操作することにより、就活生も予防的措置を取っているのかもしれません。しかし顔採用と言わないにしても、新入社員を選考する際には、履歴書の顔写真を目にし、面接で対面するため、容姿を無視するのは難しいでしょう。

コンピュータグラフィックスで平均顔を作成できるようになった一九九〇年代に、東京大学の原島博により銀行員の「平均顔」が作られました(8)。銀行員の顔写真を画像合成して平均化したものは、まさしく銀行員でした。これに象徴されるように、それぞれの職業人は、それらしい顔をしているように見えます。特定の仕事をこなしていくうちに、その職業の顔を身に着けるのでしょうか、あるいは選考過程でそのような容姿が選ばれるのでしょうか。

店頭に立つ販売員は、自社の商品を身に着けて会社の看板としても働きます。雇用主からすれば、売り上げに貢献する容姿は自社の利益につながるので、給料を上げても雇用したいのが心情でしょう。同じように銀行員にも、顧客の要求に即した自行のイメージが求められることでしょう。顧客の信頼を得るため、顧客が持っている旧来の銀行員のお堅いイメージにはまることが望まれているかもしれません。それはつまり、顧客に合わせたステレオタイプ的な容姿を求める可能性も否定できないということです。このように身体を通じたイメージの体現を職務として要求することを、「美的労働」とイギリスの労働問題研究者が名づけています[2]。

労働となると、その適切性については考慮せねばなりません。容姿が雇用主の役に立つのであれば、美貌格差を作り出すのは雇用主となります。しかし、より根深い問題として考えるべきことは、ステレオタイプを求める消費者の好みです。一人一人の消費者は、無防備に無意識に商品を選択します。だからこそ、その選択には個人が持つ、性や人種に対する差別といった、無意識の判断が埋め込まれている可能性があるからです。

先に説明した外見を区別する人の性質は、ステレオタイプを作り上げます。ステレオタイプは、緊急時に迅速な判断をするために重要です。たとえば予想もしない大事故に巻き込まれた時に白衣姿が目に飛び込んだら、「医療関係者に違いない！」と救世主のように映るでしょう。通りかかった工事現場で作業服姿を見たら、当然のように「作業員だな」と思うわけです。このようにステレオタイプは無意識に使われ、緊急時の効率的で迅速な判断を促します。

　ステレオタイプは、社会の中で常識的に生活するために誰もが持っています。この性質によって社会はうまく成り立っています。その有効性の反面、無意識の判断には注意を払う必要があります。ステレオタイプが偏見と結びつくと、アンコンシャスバイアスとなるのです。個人が持つ経験上のものさしをもとに、単純で紋切り型な根拠のない判断をすることを「アンコンシャスバイアス（無意識の偏見）」と呼びます[9]。

　アンコンシャスバイアスは、日常で触れる情報の連合から作り出されます。たとえば日常で何気なく目にする高級ブランドや化粧品のモデルが白人ばかりだとすると、「白人」と「美しい」が連合されていきます。こうして知らず知らずのうちに受け取った情報から特定の人種や集団と評価を結びつけ、アンコンシャスバイアスを作り上げるのです。

　アンコンシャスバイアスの程度には個人差があり、それを測る「潜在連合テスト（ＩＡＴ）」がアメリカの社会心理学者マーザリン・バナージとアンソニー・グリーンワルドによって開発されています[9]。このテストから、意識されない自分のバイアスを知ることができます。バイアスは常識と隣り合わせでいるため、自分が当然と思っていた無意識の歪みに気づくことが大切です。これが、人が無意識に持つ、自らの所属集団を優遇する「内集団びいき」と結びついてしまうと、自分と異質なものを排除することにもつながってしまうのです。

職場環境の話に戻りましょう。こうしたステレオタイプによる偏見は、職場という環境の中では自身にも向けられ、自らを苦しめることにもつながります。そこから不利益が生じることにも、関心を持つ必要があるでしょう。たとえばアメリカで働く女性は、成功と信頼の確保のために適切な服装が必要であるという、職場に対する偏見を持っているそうです[2]。この点については日本のほうが進歩しているようで、職場で女性がハイヒールやパンプス着用を義務づけられていることに対して、#MeTooをもじって#KuToo（「靴」と「苦痛」をかけた）という社会運動が起きています。個人的な話で恐縮ですが、女性が社会的に求められるパンプスという存在を、私は受けつけられませんでした。それが当然のように求められる就職活動はしていませんが、比較的服装が自由な研究職であっても、時として居心地悪さを感じることや、服装を注意されたこともありました。

アンコンシャスバイアスの存在に気づいてみると、外見の社会的な評価は、社会階級や人種・ジェンダーによって不均衡に配分されていることに気づかされます。それ自体が、労働問題としては大きなことです。普段の自分の選択の中でも、それは誰が求めるものなのか、そこにバイアスはないのかを考えることも学びの一つになるかもしれません。たとえば化粧をしようと思った時に、人種的な特徴を隠そうとしていたり、ジェンダーに沿った特徴を強調していたりしないかなど、改めて考えてみてもいいのかもしれません。

一人一人の判断が社会的な問題を作り上げている可能性があることを知ると、心理学者として、一人一人がアンコンシャスバイアスと内集団びいきの性質を自覚することが必要だと思います。先に触れた西倉は、「場面と関係のない外見評価をしていないか」「社会の美醜観に、これまでの差別の問題が絡んでいないか」の注視を勧めています。(1) さらにもう一点、倫理学的観点から、顔の所有者への配慮も必要でしょう。まだまだバイアスまみれの社会を変えるためには、時には間違ったとしても、それを恐れず、自分の考えで判断できるようにと望みたいものです。

引用文献

（1）生湯葉シホ「人を見た目で判断することって全部「差別」になるの？ 社会学者 西倉実季さんと、〝ルッキズム〟について考える」『ここここスタディ』第一五号、マガジンハウス、二〇二三年（https://co-coco.jp/series/study/mikinishikura/）。
（2）西倉実季「『ルッキズム』概念の検討――外見にもとづく差別」『和歌山大学教育学部紀要　人文科学』第七一巻、二〇二一年、一四七―一五四頁。
（3）矢吹康夫「履歴書の写真欄が差別を助長しているたくさんの証拠」『wezzy』二〇二〇年（https://wezzy-y.com/archives/81806）。
（4）ダニエル・S・ハマーメッシュ『美貌格差――生まれつき不平等の経済学』望月衛（訳）、東洋経済新報社、二〇一五年。

（5）アレクサンダー・トドロフ『第一印象の科学――なぜヒトは顔に惑わされてしまうのか？』中里京子・作田由衣子（訳）、みすず書房、二〇一九年。
（6）内山勝利・神崎繁・中畑正志（編）『新版アリストテレス全集10　動物論三篇』岩波書店、二〇一六年。
（7）山口真美『損する顔　得する顔』朝日新聞出版、二〇一八年。
（8）原島博『顔学への招待』岩波書店、一九九八年。
（9）北山英哉『あなたにもある無意識の偏見――アンコンシャスバイアス』河出書房新社、二〇二一年。

9　男と女、違いはあるのか

自分への問いから始める心理学

筆者は大学で心理学を教えて早二五年です。この間、たくさんの心理学ブームがありました。いじめや少年犯罪やひきこもりといった問題、心理テストや血液型による性格判断、アハ画像体験、『アルジャーノンに花束を』や『24人のビリー・ミリガン』といった特殊な心の世界を描いた小説などに興味を持ち、学生たちは時代に流されながら心理学を選択します。「いじめにあった同級生を救いたい」「お世話になったカウンセラーに憧れて」という学生も、「同世代が起こした少年犯罪の原因を知りたい」という学生もいました。

自分の学生時代と比べてそのまじめさに感服しながらも、「すぐに役立つと急いでくれるな」とも思います。実際、学生が思うような人助けができるようになるには、統計や実験計画といった伝統的な心理学の手技を習得せねばならず、そこで気持ちが萎える学生も少なからずいるからです。高校までの家庭と学校という狭い社会から出てきた問題意識は、外の世界を知るに従い、変わっていきます。

心を対象とする心理学では、「自分の問題」を扱おうとする学生には注意しています。生かじりの知識で、抱えてきた問題をこじらせてしまう可能性があり、しかも卒業論文のテーマとすると、卒業までの限られた期間で手に負えなくなる恐れもあるからです。しかし、ここで告白すると、そんなふうに学生を指導してきた筆者自身も、卒業論文では自分の問題を扱っていたのでした。学生や若手研究者を指導する立場になってからは、自分の問題とは距離を取って客観的な研究に専心していたこともあって、卒業論文は封印してきました。

振り返ると、集団内で波風立てないことを優先して、いじめや仲間外れを見て見ぬふりをするような、傍観者的な人々の態度に納得が行きませんでした。おかしいことはおかしいと直感的に口にしてしまうタイプだったのです。そこで、卒業論文では、「傍観者効果」をテーマとしました。アメリカで実際に起こった殺人事件にもとづいて提唱された集団心理です。一九六四年のニューヨーク州で、未明に帰宅途中の女性が駅近くで暴漢に襲われ殺害されるまで、助けを求める声に気づいた住人が多くいたものの、警察に通報しなかったという悲惨な事件が起きました。見て見ぬふりの傍観者の存在を明らかにした、キティ・ジェノヴィーズ事件です(1)（偶然にも、自分の生まれるちょうど半年前に起きた事件でした）。

事件の二二年後の卒業論文で、私は素朴な実験を計画しました。他人の痛みを見て見ぬふりするかを調べるために、クラスメイトにサクラ役を頼んだのです。大学構内で荷物を持って歩く学生（サクラその1）が、背後から来た学生（サクラその2）にぶつかられて、手に持った荷物をまき散らしてしまいます。その時、周りにいる傍観者（たまたま居合わせた学生で、実験参加者となります）のどれくらいが落とされたものを拾ってくれるのか、その行動を調べたのです(2)。

粗削りで思い返しても恥ずかしい実験ですが、人の隠しようのない本性を引き出したかったのです。自分なりに、人々の無意識に生じる行動に答えを見出したかったのだと思います。そこには、言葉で飾ることのない、嘘偽りのない人々の真の姿が見えると思ったのです。やがてそれが、無意識的に人の心を反映する顔や身体の研究へと進展していったのです。

男女の違いを進化から見る

卒論からしばらくたって海外の学術雑誌に発表した本格的な研究(3)は、顔の男女の違いでした。その背景にも、男らしい、女らしいって何だろうという自分の問題意識がありました。自分が女（あるいは男）であることを意識するのは、何歳くらいからでしょうか。ジェンダーバランスやLGBTが注目される今では、既存の男女の枠組みを批判的に話せるようになりましたが、私が幼い頃は男女の違いや役割分業は当然存在するもので、そんな家父長制の社会を疑うなど考えられないことでした。

　家父長制に象徴される社会的な枠組みに納得が行かなかった私は、進化心理学の考えに出会い(4)、生物としての男女差の追求に興味を持ちました。男女は生物学的に異なるもので、その決定的な違いは身体に表れます。生殖器の違いは一目瞭然ですが、生殖器を確認しなくても雌雄がわかる生物がいます。身近なところで言えば、クワガタ、カブトムシ、クジャク、オシドリなど、これらの雌雄はそれぞれ全く異なる姿をしています。こうした雌雄の違いは、性的二型と呼ばれます。ちなみに、猫も注意深く観察すると、顔の大きさや体格から雌雄を判断することができます。

　進化論的には、雄の特徴的な容貌は配偶者選択行動で有利となり、自分の遺伝子を残すためにあると解釈します。クジャクのような目立つ外見は雌を惹きつけるために、大きな体格は雌をめぐる雄どうしの戦いに勝つために、有利とされるのです。人に近い霊長類を見ると、チンパンジーの雌雄の体格差は小さく、雌雄が複数共存する集団で暮らします。一方、ゴリラの雌雄の体格差は大きく、一匹のオスのリーダーと複数のメスで成立する集団で暮らします。雌雄の体格差と社会構造は、近縁の種であっても異なるのです。シルバーバックが象徴的なゴリラのリーダーは、その座を奪われたら集団を追われるという厳しい生存競争を生き抜いています。そのため、強くて大きな雄が生存と自分の遺伝子の存続に有利と考えられています。生存競争のすさまじさで知られるハヌマンラングールでは、リーダーの座を奪った雄が最初にするのは、自分の子孫を残すため、旧リーダーの子を残らず殺戮することです。

こうした弱肉強食の他の生物と比べると、人間は殺し合いを避け、互いに助け合って社会を構成しています。表立って争うことが少なくなった人間社会では、強い個体よりも共存できる個体のほうが好まれるかもしれず、強くて大きいことが必ずしも有利にならない可能性もあります。そこで私は、男女差の少ないであろう人でも、顔で男女を判断できるのかを調べようと思いました。もちろん男女の違いは身体構造からのほうがわかりやすいわけですが、発掘された頭蓋骨だけからでも男女は判定されます。そこで、表情の読み取りといったコミュニケーションが顔に特化している人では、顔だけで男女を区別できる可能性があると考えたのです。

顔だけで男女は区別できるか

男女の特徴はヘアスタイルや化粧で強調されるので、これらを取り除き、顔だけくり抜いた写真でも男女は識別できるのかを調べました。とは言っても顔は多種多様なので、典型的な男女を作り出すため、開発されたばかりの画像処理技術で日本人男女の平均顔を作ったのです。当時、イギリスでも別の平均顔システムでほぼ同じ実験が行われていたので、結果的に、イギリス人と日本人とで結果を比較することができました。

日本人の大学生の男女別平均顔を作り、日本人大学生に男女判定をしてもらった結果、男女は顔だけで判定できることが示されました。特定の年齢の男女を対象としている限界もありますが、配偶者選択行動にあたる年齢層を選んだ結果です。さらに、目、鼻、口や、眉や顎といった顔の特徴を男女で入れ替えた合成顔を作り、入れ替えると男女判定できない、男女の区別に決定的な特徴を調べました。すると、イギリス人では顎の特徴が、日本人では顎だけでなく眉の特徴も決定要因であることがわかったのです。日本人の眉は黒くて目立つため、性別を知る手がかりとして役立ったのかもしれません。

研究所での研究員生活を終えて大学の教員となり、赤ちゃん実験室を運営してからは、赤ちゃんに男女の顔識別ができるかを調べました[5]。その結果、人見知りの始まるくらいの一歳未満の赤ちゃんにも、顔の男女を識別できることがわかったのです。ただし、識別しやすさには、顔の男女で偏りがありました。赤ちゃんには男性の顔がめずらしく映り、それによって男女を区別していると推測されたのです。フランスで行われた別の研究でも、ほぼ同じ結果が示されました。今では男性の保育士も増えましたが、保育士をはじめとして、普段の生活の中で赤ちゃんが目にする人に女性が多いことから、女性の顔から学習を始めると考えられます。赤ちゃんにとって重要な母親の顔への好みも、視覚経験量で決まることが示されています。

男女で色の好みは違う？

私は幼稚園や保育園関係者向けに講演をする機会も多いのですが、この一〇年間の、男女に関する意識の変化を実感します。赤ちゃんの色認識や男女の顔の区別の話をすると、一〇年前は「女の子色と男の子色は、生まれた時からあるのですか？」という素朴な質問が必ずありました。今ではランドセルの色選びも自由、男の子は黒いランドセルで女の子は赤いランドセルという区別もなくなりましたが、ほんの一〇年ほど前は、持ち物やロッカーの色分けに男女別の色を使い、その前提に、女の子は赤が好きで男の子は青が好き、といった発想があったようです。

しかし、色彩研究所の調査結果は(6)、そうした発想が間違いであったことを示しています。二〇〇九年に行われた、小学二年生を対象とした調査では、男子が好きな色は圧倒的に金色で、女子は水色でした。女子の選択率を詳しく見ると、水色が四割以上であるのに対し、予想外にもピンクは一四パーセントの七位、むしろピンクを嫌いな色に挙げた女子が一九パーセントもいる一方で、水色を嫌いとした女子は一人もいませんでした。当時の子ども用のスニーカー売り場にも、水色の靴が並んでいました。

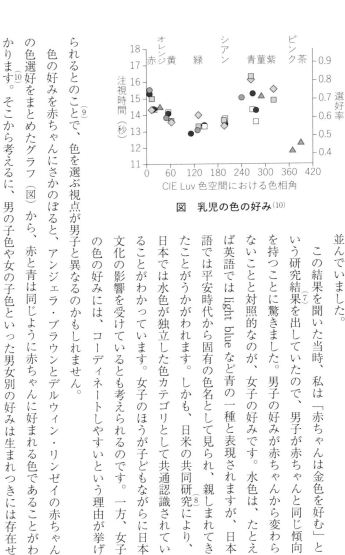

この結果を聞いた当時、私は「赤ちゃんは金色を好む」という研究結果[7]を出していたので、男子が赤ちゃんと同じ傾向を持つことに驚きました。男子の好みが赤ちゃんから変わらないことと対照的なのが、女子の好みです。水色は、たとえば英語ではlight blueなど青の一種と表現されますが、日本語では平安時代から固有の色名として見られ、親しまれてきたことがうかがわれます。しかも、日米の共同研究[8]により、日本では水色が独立した色カテゴリとして共通認識されていることがわかっています。女子のほうが子どもながらに日本文化の影響を受けているとも考えられるのです。一方、女子の色の好みには、コーディネートしやすいという理由が挙げられるとのことで[9]、色を選ぶ視点が男子と異なるのかもしれません。

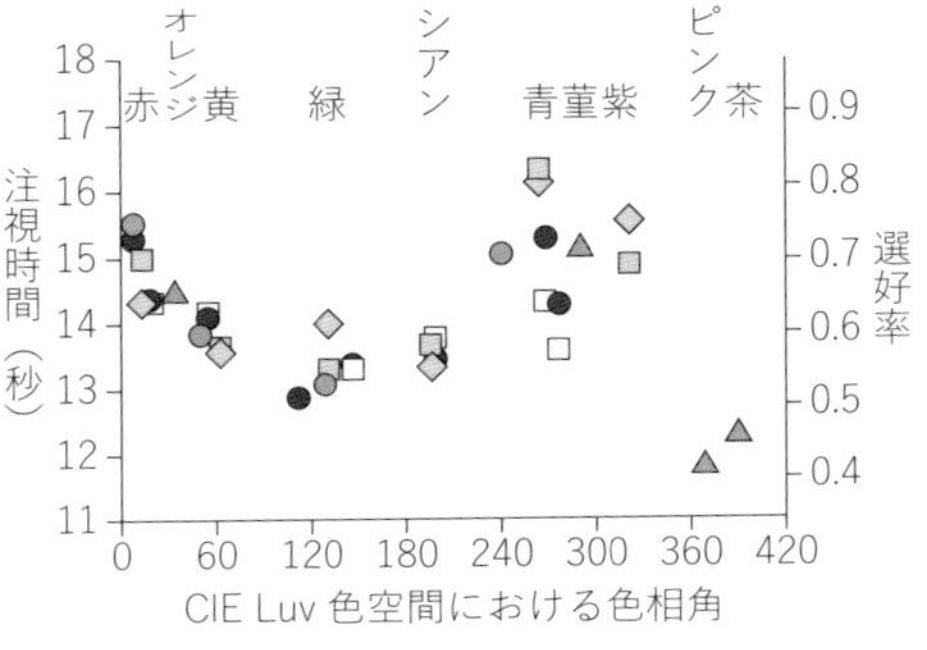

図　乳児の色の好み[10]

色の好みを赤ちゃんにさかのぼると、アンジェラ・ブラウンとデルウィン・リンゼイの赤ちゃんの色選好をまとめたグラフ（図）から、赤と青は同じように赤ちゃんに好まれる色であることがわかります[10]。そこから考えるに、男の子色や女の子色といった男女別の好みは生まれつきには存在せず、赤ちゃんに好まれる赤と青を、それぞれ男女の色として周りが利用したのでしょう。しかも、先に示した小学生の調査にもあるように、実際にはそれほど単純に学習されないこともわかります。つまり、青が男の子色で赤が女の子色というのは、その他の男らしさ、女らしさとされているものと同じく、環境からの学習なのです。

社会が男女を作るのか

そこで忘れてならないのは、子どもたちの周りにいる大人の振る舞いが、学習する環境の一部となることです。たとえば、私が自分の男女をはっきり自覚したのは、八歳になって、一人っ子だった自分に弟が生まれた時のことでした。一家を取り仕切っていた祖母の口から「これからは長男が優先される」と告げられ、自分の運命が大きく変わるというショックは、今でもありありと思い出されます。遠い昔の話ですが、子どもにとって大人は、それだけ大きな環境世界なのです。私たち大人の振る舞いは確実に子どもたちに影響を与え、それが未来の社会を作り上げるということを、それぞれが意識できればと思います。

男女の脳や考え方の違いを解説する本が多くベストセラーになる一方で、多くの批判を受けているようです。これらは、狩猟採集時代の男女の役割から脳の性差が生じ、男性は空間認知能力が高くて一つのことに集中するのに対し、女性は言語能力と共感が高くてマルチタスクが得意と主張します。そこから男性は気が利かず家事が不得手、女性は子育てに向くという現代社会の性差につながるというのですが、そこには飛躍があり、その背景には書き手の家父長制に基づく思い込みが感じられます。さらに、これらの本は夫婦という身近な他人のすれ違いネタを売りにしているのですが、その理由を男女にしているのもおかしな話です。当然ながら、生まれ育った環境が違う他人が一緒に暮らせば衝突もある、それは個人どうしの問題なので、男女を原因とする必要はないのです（夫婦が男女であるとも限りません）。男女の話にすればわかりやすいし受けるだろうということなのでしょうが、そこには家父長的な発想を作り手と受け手で共有している構造が見えるような気がします。

とはいえ、時代によって男女についての考えも変わるので、刷り込まれた考えを意識せずに使ってしまう過ちは誰にでもあると思います。私は子どもの頃、男女で教科が分かれていた家庭科の授業や、女子だからという理由で食事やお茶の準備や後片づけを求められる状況から、そっと逃げ出していました。男女の性役割への抵抗と思い込んでしていたことですが、結婚してから仕事と家事の両立に苦労するたびに、いわゆる「女子力」を学ぶ機会を逸したことへの後悔の念がわきました。今になって思えば、「女子力」とは女子が持つべき力ではなくて、家事という生きる上での基本スキルだったわけです。男女の区別なく家事に手馴れればいいのです。

男女の役割に関する刷り込みとその克服は難しいですが、それは結局、「どう生きるか」と関わっているので、自分や他人の生き方について常に考え、意識せねばならないのだと痛感します。

注・引用文献

（1）ビブ・ラタネ、ジョン・ダーリー『冷淡な傍観者——思いやりの社会心理学』竹村研一・杉崎和子（訳）、ブレーン出版、一九九七年。

（2）この実験は、偶然居合わせた人々を実験参加者にするため、実験参加の許諾や事後説明など、現在の実験倫理ではクリアせねばならない問題があります。時代によって、実験も変わるのです。

（3）Yamaguchi, M. K., Hirukawa, T., & Kanazawa, S.（2013）. Judgment of gender through facial parts. *Perception, 42(11)*, 1253-1265.

（4）長谷川眞理子『クジャクの雄はなぜ美しい？（増補改訂版）』紀伊國屋書店、二〇〇五年。

（5）Yamaguchi, M. K.（2000）. Discriminating the sex of faces by 6-and 8-mo.-old infants. *Perceptual and Motor Skills, 91(2)*, 653-664.

（6）名取和幸「『金銀・ダイナミック』と『水色・クリア』を好む現代の子どもたち」『COLOR』第一五三号、二〇一〇年（https://www.jcri.jp/JCRI/hiroba/COLOR/buhou/153/153-4.htm）。

（7）Yang, J., Kanazawa, S., & Yamaguchi, M. K.（2013）. Can infants tell the difference between gold and yellow? *PLoS One, 8(6)*, e67535.

（8）Kuriki, I. *et al.*（2017）. The modern Japanese color lexicon. *Journal of Vision, 17(3)*, 1-18.

（9）名取和幸「『男女児童が好きな色』2014年調査から」『COLOR』第一六三号、二〇一五年（https://www.jcri.jp/JCRI/hiroba/COLOR/buhou/163/163-2.htm）。

（10）Brown, A. M., & Lindsey, D. T. (2013). Infant color vision and color preferences: A tribute to Davida Teller. *Visual Neuroscience, 30(5-6)*, 243-250.

10　すべてのジェンダーが解放され、女子大が必要なくなる日が来ますように

男性研究者を優遇しない女子大

　私は、女子大の大学院で博士号を取得しました。もともと進学先の選択肢に女子大はなかったのですが、当時、男性と対等に研究職を得るためには、女子大の大学院を選択して正解だったと思っています。研究者として生き残るために選んだ進学先ですが、女子大大学院出身ということは、その後の研究者としての立ち位置に良くも悪くも影響している気がします。女子大の存続が危ぶまれる昨今、かつて自分が女子大を選んだ理由を記しておきたいと思いました。

　私が大学院に進学した当時は、研究職に就ける進学先は限られていました。学閥という大きな壁があったからです。現在では大学や研究所の人事は広く公募で人材を募集し、厳正な審査で決めら

れています。つまり、研究業績と授業スキル、人柄などで選考され、採用の過程の透明性も重んじられています。これに対して当時の人事は不透明で、力のある大学の研究室からの推薦が重視されていたのです。

そんな中、研究室訪問時に、「女性が男性と同等と見なされるためには、二倍の仕事をしないと評価してもらえない」と話してくれたのが、進学した大学院でした。いきなりパンチを食らうような話でしたが、当時の自分にとっては、むしろ心強く感じられました。一女子学生が大学院を訪問した中で、将来の就職のことまであけすけに話してくれたところは、他にどこにもなかったからです。さらに進学に向け背中を押したのは、「女子大であれば、就職の推薦に男性を優先することはない」という話でした。当時は、大学のポストに空きが出ると、後任を決める話が特定の大学に届き、所属の学生から一人を選んで推薦することが少なからずありました。学部生だった私はあまり現実味を感じませんでしたが、それでも、研究者社会でも男性が優遇されるのだという事態を把握した上で、進学先を決めることができたのです。そんな小さな男女差別は、ごく普通に存在する時代でした。

さて、その後、年号は昭和から平成を経て令和へと変わり、自分が見てきた世界は歴史の一部となりました。私が仕方ないと思っていた小さな壁は、気づいた時には消えていました。ベルリンの壁のように劇的に崩壊したわけではなく、その存在に気づく人は少なく、当事者にしか見えないため、「これは壁だ」と多くの人に同意を求めることも難しい壁です。しかし、二〇一八年になっても、そんな壁の一つが、私立大学医学部入試の選抜で男性を優遇する暗黙の法則として依然残っていたことが、誰の目にも明らかになりました。このようにいまだ残る壁を把握する上でも、これまでの歴史を知ることは大切だと思うのです。

男女雇用機会均等法がもたらしたしこり

「女性は男性の二倍の仕事をしないと評価してもらえない」というのは今であれば引っかかる言葉ですが、若くて血気盛んだった当時の私が飲み込めたのはなぜでしょうか。その理由には時代背景があると思います。当時の社会のどこからそんな感覚が芽生えていったのかを考えてみたいと思います。

私が大学院の研究室訪問をする直前の一九八六（昭和六一）年に、「男女雇用機会均等法」が施行されました。女性の社会進出が進む中、職場における男女平等を実現するための法律です。それ以前は男性のみの募集が行われたり、男性は責任ある仕事、女性は補助的な仕事など、性別によって仕事内容が限定されたりしていましたが、性別にかかわらず、キャリアを目指せる総合職と、サポート的な役割の一般職とに分けて採用することになったのです。と言っても、当時は一般職を選ぶ男性はほとんどいなかったので、主に女性にとっての職業選択の幅が広がったということになります。

ただし、法案が施行された当時はバブル期で、昭和から平成に変わる頃には「二四時間戦えますか」というスタミナドリンクのコマーシャルが巷に流れ、働き続けることがよいことのように受け取られていました。終電後も働き、タクシー券を使って帰宅することが当たり前の職場も少なからずありました。働けるだけ働いて、稼いだお金で遊びまくる――今では無茶な生活としか思えませんが、日本中が浮かれていたのです。家庭生活という言葉もなく、がむしゃらに働き、遊んでいたのです。こうした時代背景が、「二倍の仕事」もアリという世界観に通じていたのだと思います。

男女雇用機会均等法が施行されるまでは、女性が生涯続けられる仕事は限られていました。私が子どもだった頃は（大学を卒業する頃もまだ、その空気感は持続していましたが）、女性が仕事をするのは結婚までの腰かけで、男性社員の花嫁候補として女性を雇用していると噂される会社もありました。現代では考えられないことですが、そうした状況を常識だから仕方ないと女性は飲み込んでいたのです。男女雇用機会均等法により総合職に就いた女性は、男性と同等に働くことを求められ、転勤の可能性もありました。当時のイケイケの経済状況では男性は仕事、女性は家庭という役割分業がまだ一般的だったことから、それは家庭生活を犠牲にするか、家庭と仕事を一手に背負わねばならないということを意味しました。まさに、男性の二倍の仕事をしなければならない状況を強いられていたのです。一方、一般職の女性は、男女雇用機会均等法以前の働き方のまま過ごしており、広がった選択肢によって二分化された女性たちの間には、何とも言えないしこりが残ったように思います。

女性の職業が限られていた時代

繰り返しますが、女性の職業の選択肢は男女雇用機会均等法施行により広がりました。これまで手伝いしかできないと思っていた仕事や、結婚したら時間が取れなくなるのであきらめていた仕事が、生涯の仕事として選べるようになったのです。終身雇用が主流であった当時、結婚しても働き続けられるかどうかは重要なことだったのです。

大学に入学してから男女雇用機会均等法が施行された私の場合、時代に乗り遅れた感がありました。職業選択という意味では、そもそも「教員免許」を取る（教員になる）ことを条件に大学進学を親に許可してもらっていた状態だったからです。選択肢が広がっても他の職業に頭を切り替えるには、特に親の理解が追いつかなかったように思います。

国家公務員だった母からは、転勤のない地方公務員になることを強く勧められていました。当時の公務員には一種・二種の区切りがあり、それは緩やかに学歴に沿った区切りで、男女の区切りではありませんでした。つまり公務員では、男女雇用機会均等法以前から男性と女性は同じように扱われていたのです。男女差別が激しい時代を過ごした母は、娘に花嫁修業と見なされない就職に結びつく進学先、教員や薬剤師や看護師などのような資格の取得を勧めました（公務員だった母としては、法律や財務に関する資格を取ってほしかったようですが）。生涯職業が保証される専門職に就くことが望ましいとしていたのです。中でも最も望ましい職場は、男女の区別がないだけでなく、出産や子育てに確固とした支援のある教員や地方公務員ということでした。

このように、男女雇用機会均等法以前の女性の職業の選択肢は狭く、生涯働けるかどうかという観点から職探しをしていたのです。自分が本当にやりたいと思う、やりがいのある仕事ではなくて、女性に回してもらえる仕事しか選べなかったのです。結果、不本意な仕事に就くこともあまりに当たり前で、当時の女性は壁とすら感じていなかったかもしれません。

一方、男女雇用機会均等法施行の頃には、女性の大学進学率が上昇し、大学生の女性がテレビなどのメディアで活躍する「女子大生ブーム」もありました。学生援護会の女性転職情報誌のコマーシャルでは、「職業選択の自由　アハハ〜ン」と女性が歌う姿が流れていました。それは、女性の職業の幅が広がった時代の軽いノリを象徴的に表しているように見えました。こうした世の中がキラキラフワフワし始めていた時期の世間知らずな女子大生だった私には、残念ながら公務員も教員も地味で魅力のない職業に見え、生涯働けるという守りの姿勢では、女性であることから脱しきれないように感じられました。しかし今思えば、当時の軽い空気感には、女性の置かれていた状況が映し出されていたような気がします。若い女性がちやほやされ、女性自身も若さを武器に軽く振る舞っているように見えたのは、そうしなければやっていられないような立場だったからではないでしょうか。

やっていられないと言えば、働く女性だった母と祖母の二世代に共通していたのが、働くことには何らかの楽しみが必要だったという話でした。大正から昭和にかけてタイピストとして働いていた母方の祖母は、毎日着飾って仕事をしていたことを自慢していました。着物で出勤していた昭和初期から時代は変わっても、働く女性が服や持ち物に楽しみを見出すことは共通しているように思います。このように書くと、いかにも浅はかで女性の社会的役割を無視しているように誤解されるかもしれませんが、やりたい仕事ではなく持続可能性で選んだ仕事など、矛盾した状況で働かざるを得なかった女性にとって、好きなものを身に着けることによるストレス発散の意味は大きかったのではないでしょうか。就職して早々、公務員の仕事に嫌気がさし、辞職して洋裁の学校に行こうと思ったものの、初年度のボーナスを全部使って腕時計を買ってしまったため、やめるにやめられず、ずるずる仕事を続けたという母の話も記憶に残っています。バブル期の若い女性たちも、総合職と一般職の選択に象徴されるような二極化した生き方のはざまで、やりきれないストレスを抱えて消費に走っていたのかもしれません。

女性を二極化する歪んだ社会を生きて

私が小中学生の頃は、「技術・家庭科」が男女別学でした。男女で分ける理由の説明もなく、どちらがよいかを選択する自由もないのは、子ども心に納得が行きませんでしたが、今から思えば、そんな子どもの発想には、大いに母の影響があったかもしれません。料理や裁縫といった家庭的なことをしようとすると母に嫌な顔をされるため、なるべく避けていたのです。いかがなものかと思いますが、家庭科のすべての実技は、母が率先して黒子として課題の代行をしていました。裁縫もほとんど拒否していたため、今でも基本的なことは知らないままです。男性と同等に勉強させるために、家庭的な手伝いをやめさせるような方向づけがあったのでしょう。母はかなりラディカルで、男性の分野に進出するためには男女別の役割を捨てねば、という考えだったように思います。こうした考えの派生として、がむしゃらに働いて家庭を忘れるということがあったのかもしれません。

母は、弟が生まれるのをきっかけに退職しましたが、結婚八年目にしての専業主婦への転向は、家庭を切り盛りしていた祖母との衝突もあり、なかなかたいへんそうでした。私は、働いていた頃の母の、スーツを着て颯爽と出かける姿が自慢で、母の同僚が休みに遊びに来ることや、母が職場から持ち帰る書類の匂いが好きでした。それが一転し、着飾ることもなくなり、一日中家の中にいて家事に苦労する母の姿は、私の目には不幸そうに映りました。

大正生まれの父方の祖母とその姉からは、時代が許さず職を持てなかった自分たちの愚痴を延々と聞かされました。子ども心に重く感じられましたが、専業主婦が大半を占める時代に、私には自分と違う人生を歩んでほしいという願いだったのでしょう。

当然ながらそんな育てられ方をすると、当時の社会との乖離が生じます。この人は敵、この人は味方と、子ども心に周りの大人を線引きし、たとえば「男子と一緒のことをするの？」と驚いたように言う人がいたら、避けるようにしていました。小学生だった私は、一九七〇（昭和四五）年からの日本のウーマンリブ運動に触発され、ジーンズばかりはいている、フェミニスト気取りの子どもでした。その当時、身の回りには、子どもの目から見ても、女性として生きる中で納得できないことだらけだったのです。

高校生から大学生の頃は、政治に無関心なシラケ世代・新人類と呼ばれました。周囲では相変わらず、運動会やハイキングといったイベントの食事の用意や後片づけ、お茶を淹れるなどのちょっとした雑用は、女性の分担とされていました。目上の人との宴会の席で酒を注ぐのも女性でした。そんな時には、場をシラケさせないように、さりげなく逃げてやり過ごしながら、内心では、何の疑問もなくそうした要求をしたり、応じたりする人を見下している、ずるい自分がいました。女性が大っぴらに意見を主張することができなかった時代に、ダブルスタンダードを身に着けていったのです。

同世代では、「親が女子大なら進学を許してくれる」という話も時々耳にしました。共学の大学よりもランクを落として女子大に行くことを親に勧められることもあったようです。インカレサークルでふさわしい結婚相手を見つけられるのが女子大のメリットとする人もいる、専業主婦が多かった時代の話です。ふさわしい結婚相手のいる銀行や証券会社などに就職し、寿退社するのが当たり前だったようなその時代、女性にとって人生は、専業主婦となるか、キャリアウーマンとなるかの二択で、その間はなかったように思います。女性を二極化させる、歪んだ社会だったのです。

女子大はオワコンか

そんな中、女子大大学院に進学して得られたメリットは、結婚後も仕事を続けるための知恵を先輩から教えてもらえたことです。たとえば、旧姓を使えるようにしておくことも、その一つです。旧姓で発表した論文などの業績を結婚後も維持することは、研究者としてのアイデンティティに関わります。私は平成の初めから地方国立大学で旧姓を使用しましたが、それには周囲の支えが必要でした。給与振り込みや研究費の支出のための口座やクレジットカードの名義に、旧姓使用を認める銀行やカード会社を慎重に選びました。先進的であるはずのアカデミックな世界でも、それから一〇年以上経っても非常勤の際に戸籍を要求されたりと、旧姓使用はなかなか進みませんでした。二〇一〇年代に入ってもなお、法人化された学会の理事名も戸籍名使用となっていますが、これは法制度上の問題があるためで、表向きの記載には旧姓を使用するように配慮してくれるようになりました。二〇一九年にマイナンバーカード、住民票と免許証に旧姓併記ができるようになり、今では戸籍名で呼ばれるのは保険証を使う病院くらいです。

話を戻すと、結婚後も仕事を続けるための知恵として、「結婚のタイミングは、専任の職を得てからがよい」「出産の時期は大学の長期休みに合わせる」といった女性研究者のオキテのようなものが、先輩から漏れ伝わってきました。こうした生活に立ち入ったオキテには衝撃を受けましたが、博士課程後期に入ると、隣の大学では女性の大学院生には見合い写真が回ってくるという生々しい噂も流れてきました。もし自分に回ってきたら、いったいどのように対応すればいいのだろうかと、考えたものです。たしかに、院試の会場で出会った受験生たちの中には、結婚までの時間つぶしとして大学院生活を送る予定の女性もいました。「女性の大学院生は花嫁修業の延長のようなものと思われているのか」と唖然としましたが、学費を自分で払っていた私は、研究職に就いて稼がねばと必死でした。男性と同等に研究職を目指すということは、総合職を選択することに似ています。こうした選択を迫られ、分断されることが、女性の悩みにつながっていた気がします。「結婚は専任の職を得てから」のオキテは、若手で最初に職を得られる確率が高いのは地方の国立大学なので、そこに行ってから相手を選べばよいということだったのでしょう。さらに深読みすれば、結婚に縛られず、地方の大学にも躊躇なく赴任しなさい、ということだったのかもしれません。今では信じられない話ですが、大学院在学中に結婚した同級生は「（指導していただいた）先生に申し訳ない」と漏らしてさえいたのです。

こうしたオキテは、男性中心の研究者社会の中で女性研究者が生き抜くのに必要だったかもしれませんが、人生を経て振り返ると、別の道もあったことに気づくことができます。もちろん、時代も変わったことが大いに影響していますが、たとえば、博士課程後期修了直後に就職を焦るだけでなく（女子大大学院から研究者を輩出すること自体が重要なため、就職への強い後押しがあったのだと思いますが）、結婚や子育てでしばらく休んでから研究職に就く選択もできます。子育てが一段落してから、家族のいる場所に近い大学で職に就いた同窓生もいます。「早めに結婚・出産すること」は決して申し訳ないことではないのです。今では、出産や子育てをする研究者への支援も手厚くなっています。

平成に入ってから、男性の考えも変わったのでしょう。研究者社会では別居婚の夫婦をよく見るようになりました。男性も、結婚したら同居して生活を支えてほしいというわけではなくなったということです。私の場合も、結婚してから七年ほど遠距離別居で過ごしたのですが、その後、関西出身の夫が強引に東京にやって来ました。結果、夫は職なし生活が二年ほど続きましたが、結婚すれば夫に合わせて同居するのが当たり前だった時代には、そのような苦労をする女性も多かったのでしょう。

女子大大学院に進学し、女性の立場を中心に考えてきた私ですが、女性に生まれて初めて納得行かないと感じたのは、第9話でふれたように「跡取りは男子」と言われたことです。権利を持たない女性の不満はわかりやすいものでしょう。しかしその背後には、跡取りや稼ぎ頭といった古い慣習の重荷を背負わされた男性の苦労もあるのです。最近は、男性が家庭生活を大切にするために一般職を選択したり、転勤のない地方公務員を目指したりする例を目にする機会が多くなりました。

これまで気づかなかった偏見への反省は、まだまだ続くでしょう。そして女性も男性も、それぞれの縛りから自由になりつつあるのです。これらの縛りが完全になくなれば、女子大の存在意義は失われるのかもしれませんが、日本の状況を見ると、まだまだです。あからさまな男女差別や、隠された男女格差に気づくと（格差は女性だけにではなく、男性にもあるのです）、女子大もまだまだ必要な機関であると思います。

11 「かわいい」のマジックはどこにある？

「かわいい」で動物と親しくなる

動物好きからすると、「かわいい」はマジックワードだと思います。私は道を歩いていて野良猫に会うと、「かわいこちゃんだね」と声かけします。著名な動物写真家が、初対面の猫に「いいこだねー」「かわいこちゃんだねー」とつぶやきながら、カメラをかまえて低姿勢でじわりじわりと近寄っていく様子をテレビで見て、まねているのです。猫たちは逃げる様子もなく、リラックスした姿を見せていました。猫の目線の高さで近づくことが大切とテレビでは伝えていましたが、猫は声に反応してポーズを作っているようにも見え、「かわいい」という「推し」に対する声の効果も大きく思えたのです。

心理学者ではなくて、単なる動物好きの感想として、「かわいい」は、動物に共通するキラーワードではないかと思っています。実際に、「かわいこちゃんだね」と口にして近づくと、野良猫だけでなく、動物園の檻の中の動物たちも、こちらを振り向いて近づいてくれるように感じられます。散歩する犬に「かわいこちゃんだね」とつぶやくと、「あら、うれしい」と飼い主の心が開き、当の犬も喜んでくれているように見えるのです。

まるで動物たちが「かわいい」を理解してふるまっているかのようですが、「かわいい」マジックは、かわいいと口にする自分自身に効くのだと思います。「かわいい」と口にしたとたん、幸せホルモンと呼ばれるオキシトシンが分泌されて、自分の声の調子や動作などから、動物を警戒させる雰囲気を消し去るように思うのです。もちろん、飼育員や餌やりの人たちのやさしい声かけを、動物たちが学習した可能性も大きいでしょう。いずれにせよ、これは実証されていない、私個人の感想ですが、その作用は謎としても、「かわいい」は口にする自身の感情に働きかけ、受け取る側の人をいい気持ちにさせる、潤滑油のような働きをするのだと思います。小さな赤ちゃんや子どもに「かわいい」と言うと、言われた子の親もうれしくなることでしょう。

とはいえ、現代社会では、むやみに「かわいい」と言わないほうがいい時もあります。ある程度の年齢になった子どもに対して使うには、注意が必要な言葉です。いつまでも子ども扱いするな、ばかにするなと思われるかもしれませんし、セクシャルハラスメントと受け取られる恐れもあります。そこからわかるのは、「かわいい」は使いようによっては危険であるということです。複雑な人間社会では、「かわいい」の持つ意味が錯綜しているためです。その流れを読み解くべく、まずは人間社会とは対照的な、動物の社会を見ていきましょう。

いつまでもかわいいネオテニー

動物には、成長してオトナになってもかわいいままの種があります。かわいいの感じ方には個人差もありますが、手のひらにのせられるくらい小さなサルのマーモセットは、成長してもかわいく見える部類に入るでしょう。つぶらな瞳をして丸っこくて大きな頭のウーパールーパーやヤモリも、かわいく見えるのではないでしょうか。より身近な犬の種では、小型で大きな瞳のチワワは、ほっそりとした顔のシェパードやコリーと比べ、成長してもかわいく見えると思うのです。

性的に成熟したオトナになっても未成熟な性質が残ることを、ネオテニーと呼びます。先の両生類のウーパールーパーはネオテニーの有名な例で、両生類ならば、えら呼吸から変態して肺と皮膚呼吸のオトナになるのが本来の姿なのですが、オトナになっても変態せずに外えらを持ったままなのです。ここまで顕著ではありませんが、人もネオテニーだと言われています。霊長類の中では骨格形状が未成熟とされ、近縁の種であるチンパンジーやゴリラと比べると、人の頭蓋骨はこれらの子どもと類似していて、体毛も少ないというのが特徴です。

ネオテニーは、日本語では「幼形成熟」と表されますが、その名の通り、幼いままオトナになったことを指します。そんな状態にあるウーパールーパーがかわいいとされるように、幼さと「かわいい」は連動しているのです。このからくりを説明したのが、ノーベル生理学・医学賞を受賞した動物行動学者、コンラート・ローレンツです。ローレンツは、生物が生存する上で不可欠な生まれつきの性質を解明し、動物行動学の分野を開拓しました。そして、「かわいい」も動物行動学から説明したのです[1]。

かわいいマジック、ベビースキーマ

ローレンツが評価されるゆえんは、動物の本能を研究として深化させたことにあります。本能とはどのような行動で、どのように起動するかを具体的に明らかにしました。ローレンツは、本能とは生物が生きるために必須な行動で、生まれつき備わっていると考えたのです。この生まれつきの仕組みを「生得的解発機構」と名づけ、この行動を誘発する外界にある刺激を「リリーサー」と呼びました。

ともにノーベル賞を受賞したニコラス・ティンバーゲンとの研究では、親鳥から餌をもらう巣の中のヒナ鳥の行動に着目しています。生まれたばかりのヒナ鳥は、誰が教えるわけでもなく、親鳥が来ると、われ先にと口を大きく開けます。こうした行動を、生き延びるために必須で生得的に備わった行動と見なしました。それを証明するため、彼らはこの行動を誘発する刺激「リリーサー」を探しました。親鳥らしい特徴を取り出した模型を呈示してはヒナを観察し、何がヒナの行動を引き起こすかを調べたのです。その結果、ヒナはくちばしの形に反応することがわかりました。しかも実際の親よりも、こうした特徴を誇張した模型に強く反応したのです。親という実体から切り離された、単純な特徴の模型に反応するということは、ヒナは生まれつきある種の鋳型のようなものを持っていて、それに反応すると考えられます。こうした特徴を誇張した刺激は「超正常刺激」と呼ばれ、身の回りにも観察できます。たとえば、鳥害を防ぐために畑などに取りつけられた「目玉」がそうです。鳥が嫌う目を表したものですが、顔から切り離した片目だけで、実際の目よりもずっと大きく、まつげなどもなくて白目と黒目だけが誇張されています。

こうした超正常刺激は、人間社会にも存在します。子どもの特徴を示す「ベビースキーマ」は、相対的に大きな頭、過大な頭蓋重量、大きな下方にある目、ふっくらと膨らんだ頬、太く短い手足、しなやかで弾力性のある肌、そして不器用な動きなどです。こうした特徴を見ると、人は保護したくなる欲求が生じるのです。ベビースキーマの超正常刺激として実物よりも特徴を強調すると、そのパワーが増します。それは商品にも生かされ、誰にも愛されるぬいぐるみやキャラクター、キテイちゃんやポケモンなどにも使われています。頭でっかちでぷっくりしたお腹のキャラクターや、ゆるキャラの着ぐるみがぎこちなく歩く様子なども、ベビースキーマにあてはまります。しかもその対象は生物に限りません。丸っこい車種のビートルに根強い人気があるように、機械や車にもベビースキーマは利用されているのです。

これほど多くのベビースキーマの超正常刺激があるのは、その魅力が生物としての本能に結びついているためでしょう。生物にとって子孫を残すことは最も重要な使命で、外敵に狙われやすい、か弱い子どもを保護することは最優先と考えられます。このように、子どもを表す特徴であるベビースキーマの超正常刺激は、人の保護本能をくすぐるし、パワフルなのです。

一方でベビースキーマの特徴は単純で、シミュレーションも可能です。顔や車の画像をカージオイド変換という関数で処理すると、子どもらしい画像に変換できます。そんな単純な特徴にかわいらしさを感じることからも、ベビースキーマが生まれつきの鋳型として人に備わっていると考えられるのです。

「かわいい」と日本のポップカルチャー

一〇年ほど前、ペットフード会社の方に意外な文化差を聞きました。住宅事情もありますが、日本ではチワワやトイプードルなど、鼻先が短いベビースキーマに該当する犬種が好まれる一方、ドイツではシェパードのように鼻先がしっかり長い犬種が好まれるそうなのです(2)。

大人になっても「かわいい」ままで許されるのは日本の特徴です。たとえば日本のポップカルチャーの象徴として、「カワイイ：kawaii」が世界に広がっています。ポケモンやキティちゃんが海外に広く受け入れられているのは、ご存じの通りです。同様に日本のアニメ顔が、非「かわいい」文化圏である海外に受け入れられているのは興味深いことです。中国や韓国や東南アジアやヨーロッパ各国にも、「美少女戦士セーラームーン」などの日本のアニメ番組を、子どもの頃から楽しんできた人々が数多くいるのです。大人になっても「かわいい」ままでもよいことが、日本から海外へと進出してきていると言えるかもしれません。

そんな日本と欧米の好みの違いを知る題材として、それぞれの代表的な人気の着せ替え人形である、リカちゃん人形とバービー人形の容姿が挙げられます(3)。リカちゃん人形の丸顔で大きな目、鼻と顎の小さい顔は、幼い雰囲気で、ふっくらした頬におちょぼ口は、アニメ顔に共通しています。対する切れ長の目でうりざね顔の初期バービー人形は、ちょっと生意気なティーンエイジャーといった雰囲気で、リカちゃん人形と比べるとスタイルも大人です。歯を見せてにっこり笑っている大きめな口は、幼げなリカちゃん人形と比べると、ちょっといじわるな感じにすら思えます。つまり、幼く従順そうな風貌の日本のリカちゃんに対し、欧米のバービーは成長してしっかりと自分を持っていそうな容姿です。

子ども向けの人形ではありますが、リカちゃんとバービーは、それぞれ日本と欧米で考えられている魅力を反映しているようです。欧米では成熟に魅力を求めるのに対し、日本では「かわいい」に象徴されるように、未熟さやあどけなさに魅力を求めるのです。海外では日本の「かわいい」に該当する言葉は存在せず、「kawaii」がそのまま流通しています。そもそも欧米では、子どもっぽいかわいさは、決してよいものではなかったからです。kawaii に相当する cute という言葉にも、子どもっぽさや未熟という印象が混じっています。欧米だけでなくお隣の韓国でも、「美しい」は賛美であっても、「かわいい」は必ずしも賛美とは言えない形容でした。かわいいには、多少の軽蔑や否定が含まれていたのです。

一方で、日本の「かわいい」の歴史をさかのぼってみると、古くは「鳥獣戯画」の動物たちに、現代のキャラクターの元祖を見出すことができそうです。また、四方田[4]によれば、かわいいものをいとおしむことは、『枕草子』の「うつくしきもの」や『今昔物語集』にもさかのぼることができそうだとのことです。当時からすでに、日本人には「はかなきもの」を慈しむという心情があり、未成熟を慈しむ文化があったのです。この日本特有の「かわいい」とベビースキーマから導き出されるかわいさとの違いを、生物学的な素因をもとに文化的なコーティングをされる過程として、入戸野は論じています[5]。

「かわいい」は格下

海外で「かわいい」が認められなかった理由に、「かわいい」は生得的解発機構として働くものの、それはあくまでも保護を誘発するものだということがあります。大きくなった子どもが、かわいいと言われるのを嫌う理由も、ここにあります。要するに、保護すべき未熟で格下な存在に見られるからです。

それを裏づけるデータが、アメリカで出されています。第一印象の研究者のアレクサンダー・トドロフ(6)によると、子どもっぽい顔は、正直で優しくあたたかく見られる一方で、身体的に弱く劣位に見えるというのです。彼らは実験で、アメリカの大学生にリーダーとしてふさわしい顔を選ばせました。すると、子どもっぽい顔より大人っぽい長い顔を選ぶことがわかりました。子どもっぽい顔は、リーダーにはふさわしくないと判断されるのです。

さらに、アメリカのマサチューセッツ州の一般公開された犯罪者の顔写真を使って、第一印象と判決の関係を調べた研究(7)からは、子どもっぽい印象が判決を左右することがわかりました。軽微な犯罪に限定された結果ですが、大人っぽい顔の人は意図的な罪、子どもっぽい顔の人は不慮の罪を犯したと判断される傾向があったのです。つまり、子どもっぽい顔の人は誠実で悪いことはしないものの、きちんとしていないため、うっかり犯罪に巻き込まれたと思われていたのです。これらの研究からわかるのは、子どもっぽい顔の人はリーダーには向かないと判断され、未熟でしっかりしていないと見られるということです。

保護を誘発するベビースキーマの持つ「かわいい」の魅力は、複雑な人間社会では、誰もが好むキャラクターに利用され、圧倒的な存在感がある一方で、未熟と見なされることもあり、社会の中で様々な色づけをされるのです。他の生物と比べた人間社会の複雑さ、そしてそれぞれの文化についても思いをはせることができそうです。

注・引用文献

(1) コンラート・ローレンツ『動物行動学（上・下）』丘直通・日高敏隆（訳）、筑摩書房、一九九七年。
(2) 山口真美『自分の顔が好きですか？――「顔」の心理学』岩波書店、二〇一六年。
(3) 山口真美『顔を忘れるフツーの人、瞬時に覚える一流の人――「読顔術」で心を見抜く』中央公論社、二〇一五年。出版当時は初代バービーの流れをくむ風貌でしたが、販売元のマテル社の販路拡大に伴い、今では多様性に重きを置かれた様々な姿のバービー人形が売られています。
(4) 四方田犬彦『「かわいい」論』筑摩書房、二〇〇五年。
(5) 入戸野宏『「かわいい」のちから――実験で探るその心理』化学同人、二〇一九年。
(6) アレクサンダー・トドロフ『第一印象の科学――なぜヒトは顔に惑わされてしまうのか？』中里京子

訳）、みすず書房、二〇一九年。

（7）Zebrowitz, L.A., & McDonald, S.M.（1991）. The impact of litigants' baby-facedness and attractiveness on adjudications in small claims courts. *Law and Human Behavior, 15(6)*, 603-623.

12　がんになって五年たちました

二〇一八年の五月に摘出手術、八月に抗がん剤治療終了。二〇二三年で五年経ちました。がん患者にとって五年は一つの区切りですが、このタイミングで本書のもとになる『ＵＰ』連載も終わりました。ドラマや小説などでは「治癒しました」という言葉を医師が語るシーンが印象的ですが、特にそのようなこともなく、これまでと同じように病院に通っています。

二〇二三年にはコロナ禍以来の対面の学会があちこちで開催され、数年ぶりの出会いがあり、連載の感想を聞くこともできました。そこで感じたのは、周囲に自分の病を告げにくい状況が今も続いていることです。病になっても仕事を続けることは、社会との大切なつながりなのですが、それすら周囲には重たく受け取られるようです。

そんなこともあって、これまでの日々の概要を改めて記そうと思いました。医師と相談してスケジュールを組めば、手術や抗がん剤治療で仕事を中断することもないという事実を知ってほしいと思ったのです。もちろん、がんと言っても人それぞれですから、一事例に過ぎません。気持ちで身体を引っ張るタイプの私は、ギアを踏み続けないとベッドに横たわったままになるのではと、当時は先の見えない不安でいっぱいだったのですが、今となっては、あくせくする必要もなかったと思っています。一人のがん患者が、仕事と治療を両立しながら慌ただしく過ごした体験談として読んでもらえたら幸いです。

自分の身体は誰が管理するのか——身体への気づき

二〇一八年からの五年間は、人生の中でこれまでにないほど、自分の身体に意識を集中して過ごしました。そうして感じ取った身体の様子には、子ども時代を想起させるものもありました。抗がん剤治療の副作用で苦しめられた痛みに、第2話でもふれたように、子どもの時の成長痛を思い出したのです。五〇年ほどを飛び越して痛みに再会するのは、不思議な感覚でした。夜中に強い痛みで大騒ぎした子ども時代、同居していた祖母も腰の痛みを常に嘆いていたこと、私たちの訴えが家族からは厄介なこととして扱われていたことなどが次々と思い出されました。今から思えば、家族も対処しようがない他人の痛みを聞かされ続けるのは苦痛だったのだと思います。つまり、痛みそのものがつらいだけでなく、痛みの感覚は周囲には理解し難く、周囲との関係も苦しくなるのです。

この五年間は、これまでいかに自分の身体に無頓着だったかに気づく機会でもありました。自分の身体に無頓着でいられたのは、それこそが健康ということなのかもしれません。この夏、身体への気づきについて驚いた出来事がありました。私は日本科学未来館で「こどもからみる不思議世界探求」プロジェクトを運営しています。自分の身体を自己のものとして感じ、無意識に注意を向けるかを調べる小学生向けの実験をしていた時のことです。体重や身長、靴の大きさを子どもたちに尋ねたのですが、小学校低学年の子どもの大半が、これらの自分の数値を把握していないことを知ったのです。中には、あえて靴の大きさを過大報告するような強者もいましたが、大半の場合は、母親が子どもの代わりに正確に数値を答えたのです。親にとって、出生体重から始まる子どもの身体情報は、成長を知るための大切な手がかりです。引き続き、一〇歳くらいまでは親が子の身体情報を管理するのでしょう。しかし、身体情報に過敏な摂食障害を研究していた私からすると、低学年の子どもたちが自分の身体の大きさに無頓着なことは予想外だったのです。

食事に厳しい制限を課すアスリートが摂食障害になりやすいことは知られていますが、体重は数値として見えやすく、理想も入り混じって過剰な管理へと向かうこともあります。摂食障害は思春期の女性に特有と言われていましたが、近年、低年齢化しています。そんなことから、身体を自分で管理するのは一般的にいつ頃からなのだろうかという疑問がわいたのですが、摂食障害に陥る事例もあるように、自分の身体の管理というのは、なかなか難しいことなのでしょう。

話がそれましたが、筆者の体験の振り返りに戻りましょう。これまで身体に無頓着だった私が、人生の半ばを過ぎて身体に向き合う機会を得たのは、老後のためのよい練習になったと思っています。高齢になって、衰えた身体を少しでも再生へと向かわせるのは自分自身で、それこそが生きることなのだと思えたのです。

がんとのつき合いは、ステージや年齢によって様々です。五〇代は社会人としてはまだまだ現役です。そして、子どもほどではないにしろ、発達にも伸びしろがあり、いつの間にか体力が戻っていることに気づくこともありました。健康だった頃に予測できたトレーニングの成果に、手術などで痛めつけられた身体自身が持つ可塑性が加わると、体力の回復は予測不能になりました。手術直後にたびたび突然ダウンしたのと同じく、回復も突然でした。そうしたことから、成長と老化も単純には分けられないことに気づきました。失われたままでもなく、子どものように右上がりに成長するわけでもなく、ジグザグと歩む――そして、どこまで再生できるのかを観察するのです。

自分の身体へのこうした気づきは、病がなければ実感できなかったことです。そして、手術や治療で変わる身体を抱えて、自分らしさをいかに保つか、社会人として人前で何を着てどうふるまうかが、私にとっては大切なことでした。日々の生活をいかに生きるかが重要であることを実感する毎日だったのです。

退院直後にやったこと

がんの発見から手術までは憂鬱な日が続きました。桜が咲き乱れる四月の陽気の中の告知からMRI、造影剤CT、PETと毎日の検査、緑が濃くなったゴールデンウィーク明け五月七日の手術、同二三日の生検組織診断の結果（組織検査から悪性度がわかる）まで予定が並びます。これが最後かもと覚悟した天橋立への旅行、友達夫婦とレストランで食事して記念写真を撮ったセンチメンタルな日々が思い出されます。

そんな憂鬱な気持ちは手術で一転しました。検査や手術のためにベッドに横たわる、まさしくまな板の鯉でしかなかった自分に、行動の決定権のバトンが回ってきたのです。リンパも切除した術後の三日間は痛みがひどく、四時間おきの痛み止めが手放せない状況でしたが、翌日から歩くように指示されました。五月一五日に退院し、自宅に戻って数時間後には、近くのネイルサロンにふらふらになりながら行きました。抗がん剤治療で黒くなる前に爪を飾っておきたかったのですが、身体を動かすために作った目的のようなものです。退院の翌日から大学の研究室に行き、週末も海や温泉に行くなど、好きなことをしていました。

五月二三日にがんのステージが判明したところで、医師と相談し、予防のための抗がん剤治療は大きな予定の直後に入れました。抗がん剤治療は一カ月おきに四回行う予定となりました。これに合わせて、予定が組めない学会での講演や発表はいくつかキャンセルしましたが、なるべく多くの予定はそのままにしました。初回の治療は重要な会議に合わせて一カ月待ってもらい、会議の翌日の六月一二日、懇親会での気分を引きずったまま治療に入りました。

抗がん剤治療では、事前に処方された吐き気止めを飲み、サンドイッチとペットボトル飲料を持参し、半日ほど長椅子に座って点滴を受けました。アルコール分が入った溶液で抗がん剤が溶かされているせいか、ほろ酔い気分となりますが、できるだけ早く点滴を体外に排出するよう、水分を多めに取って頻繁にトイレに行きました。そのため、なるべくトイレに近いスペースを確保していました。

治療後の三日目か四日目が副作用である痛みのピーク、それからの二日間は寝ても起きても痛く、痛みが過ぎ去るのを待つだけです。この期間を休みとして、次の治療の直前まで仕事を入れましたが、痛みの期間は時にずれ、ドタキャンすることもありました。痛みが引いてから国内出張やイベントなどの仕事に取り組み、翌日に病院に行って治療、の繰り返しでした。

私の場合、治療の副作用の強い痛みはきれいに過ぎ去りましたが、手足がしびれる末梢神経障害は回数を追うごとに蓄積しました。寒い外気に触れると手がこわばり、釣銭を思うように出せないことに気が滅入りました。抗がん剤治療の回数は六回が多い中で、四回は心理的には楽だったと思います。二回目で「あと半分」、三回目で「あと一回」と気持ちが保てました。しんどさの絶頂は三回目で、最後の治療では気が抜けたのか、あるいはすでに限界に達していたのか、点滴用の針がなかなか刺さらなくて苦しい思いをしたことくらいしか思い出せません（強い薬が漏れて皮膚に触れると一大事なので、緊張するのです）。

自分の中のルッキズムとともに

病と治療で変わりゆく身体を抱えて仕事を続けるのは、老いゆく人生の先取りと言えるかもしれません。社会のお荷物にはなりたくない、自分なりに社会貢献したいと思いながらも、厄介者や腫れ物のように扱われ、気持ちがへこむこともありました。弱者扱いされたくない気持ちが強い一方で、周りにうまく頼れるようにもなりたいと、気持ちの浮き沈みが激しくなっていましたが、せめて少しでも周りを明るくしようと、自分の気持ちを上げることに努めていました。

今までとは違った視点から、見た目を気にするようにもなりました。見た目で評価されるのは不当なことですが、逆にそれを利用してやろうという気持ちになったのです。もちろん過剰に気にする必要はありませんが、どう見られるかを気にすることは、社会への関心と興味につながると思います。

手術と治療で身体が変わるのに伴い、服や靴を選ぶポイントも変わりました。縦に開腹したので、腹部への圧迫に敏感になりました。服はウエストのしめつけがないことが必須条件です。また、リンパを切除したので、足に傷をつけることが禁忌となって、靴は靴擦れしないことが必須条件です。病から復帰して、まさに地に足を着けて歩む思いに直結した靴が必要となりました。すると、楽ちんな服と靴の選択になってしまいますが、仕事ができる自分を装うことも必要です。人前に立つ際にそれなりに見え、自分を鼓舞できる、元気が出る、強い印象の服を選ぶようになりました。

抗がん剤治療に伴う脱毛は二回目から始まると聞いていたので、一回目と二回目の治療の合間に髪を短くして準備しました。脱毛は時と場所を選ばず、二回目の治療直前の札幌出張中に起こりました。当時はエアリズムのヒジャブストールとヒジャブの下に着用するヘッドバンドがユニクロのオンラインストアで売られていて、暑い夏でもこれは使えると思い、さっそく購入してみました。宗教とは関係なくヒジャブを着用するのは申し訳なく思ったのですが、頭をすっぽりと隠せて違和感がない上に涼しくて便利でした。職場に着用していくのはさすがに気が引けましたが、ちょっと出かける際には気に入って使っていました。

脱毛でいちばん不便だったのは、眉毛です。女性は化粧で眉を描きますが、そもそも眉毛が全部抜けてしまうと、眉の位置がわからなくなるのです。眉の位置がずれると間が抜けて見えてしまいます。そこで眉が抜け始めたときに、数日間入れ墨のように跡が残る眉墨で眉を描き込み、この眉墨が消えないように定期的に眉の位置を記していました。

「半年くらいでショートカットくらいに戻る」と医師に告げられた通り、八月二〇日に治療を終えた後の一二月にはカットできる状態に、三月にはバズカット（いわゆる丸刈り）に近い超ベリーショートのかたちができるくらいになりました。がんが発見されて一年後のことです。元に戻った時には髪質が変わり、白髪が増えていました。黒く染めるよりも、あえてさらに脱色して金髪にすることを美容師さんに勧められ、思い切って金髪にしました。決断のきっかけの一つが、「顔・身体学」で主催したルッキズムのシンポジウムです。これまでも、見た目で判断されたり、それを逆手に取って目立つ服装を選んだりしてきたのですが、さらに金髪という目立つ外見で、周りがどう反応するかを実感してみたくなったのです。

目立つ服は気にならないのに髪の色を変えることに戸惑うのは妙なものですが、髪型が顔の印象を変える効果を示した研究[1]からわかるように、髪は自分を示す顔に直結するからでしょうか。金髪は、堅い職業ではないと暗に主張しているようで人に避けられるのではないかと思い、職場で眉をひそめられることも覚悟していました。しかし、結果は意外にもその逆でした。お堅い仕事をしている意外な人から「自分も金髪にしてみたい」と言われたり、これまで距離を感じていた若い人たちに気軽に声をかけられる機会が増えたりと、嬉しい驚きが少なからずありました。基本的に拒絶されることはありませんでした。むしろ、個性を尊重してもらえ、個性的な人たちとの連帯感が強まった気がしています。

私が住んでいる地域は東京なので、その影響もあるかもしれません。出張で関西に行くとより身近に受け入れられている気がする一方で、地方に行くとじろじろ見られる感が強まる気がします。地域による見られ方の違いを体験するのも、興味深いことでした。金髪は思ったよりも快適で、何かを失ったとしても、その次の段階には、新たなつながりの世界が開かれるのだと思えます。

引用文献

（1）Saegusa, C., Intoy, J., & Shimojo, S.（2015）. Visual attractiveness is leaky: The asymmetrical relationship between face and hair. *Frontiers in Psychology, 6*, 377.

13　顔と身体を持つことによるもどかしさ、生きること

自分の顔と身体に全く不満がないと断言できる人は、一体どれくらいいることでしょう。どうにもならないもどかしさを感じている人が、大半なのではないでしょうか。誰もがうらやむ顔や身体を持っていたとしても、当の本人は満足していないかもしれません。あるいは、たとえ現状に満足していた時があったとしても、それは若さによる一瞬のきらめきに過ぎず、はかない時の流れによって理想の姿かたちは失われていくかもしれません。加齢や病によって、誰もがやりきれない気持ちに陥る可能性があります。ある意味、すべての人にとって、顔と身体は平等に重たいものだと思うのです。

一方、自分の顔や身体にもどかしさを感じることができるのは、人ならではの特権と言えるでしょう。私たち人は、自分の顔と身体の中に「自分」という存在を見出し、満足したり絶望したりします。人として生きる中で、顔や身体にもどかしさを持つことにはとても大きい意味があるのだと

思います。

しかし、同じ身体の一部であるはずなのに、顔と身体で、もどかしさは微妙に異なります。たとえば病になって思い通りにならない身体には、誰もが歯がゆい思いをします。そして同じ病を持つ者どうし、その歯がゆさを共有することができます。それと比べると、思い通りにならない自分の顔について誰かに訴えたとしても、他人にはなかなか理解してもらえない壁があるのではないでしょうか。

人は時に、自分の顔や身体を拒否しますが、その背後には、自分の顔や身体に対する強い執着とその反動があるのだと思います。本書では、顔と身体の違いを前提に話を進めてきました。最後に顔と身体に対する執着についてお話ししていきましょう。

ナルシストの苦しみは必然なのか

この地球上に存在する人にとって、顔と身体を持つことは生きている証とも言えます。身体があることで、人は地球上を移動して配偶者と出会い、自身の子孫を残すことができます。多様な遺伝子の子孫を残すためには、遠くにいる配偶者を獲得する頑丈な身体が必要です。そして身体の一部である顔は、視覚・聴覚・嗅覚といった感覚受容器、栄養分を取りこむ口を備え、生きる上で欠かせない器官の集合体とも言えます。顔も身体も、存在理由をそれぞれ持つのです。

しかし、人はややこしい生物です。生きる上で重要であっても、自分の顔や身体が思い通りにならないと、もどかしさを感じます。そのもどかしさは、思春期に誰もが体験するような自分の容姿への小さな不満から、自分の顔や身体を捨ててしまいたいと思うほど大きな絶望まで、様々です。いずれにせよ、自分の顔や身体が原因で命を絶とうと思うのは人くらいです。

美容整形で全く違う顔になりたいという願望も、自分を捨てたいという思いの一つと言えるでしょう。化粧や整形などで顔を加工するのも人くらいです。先に述べたように、顔は本来、感覚受容と食べるための器官なので、それで役に立てば十分のはずだからです。美容整形に関して言うと、文化によって顔と身体どちらに重きを置くかに違いがあることが示されています。日本美容外科学会（JSAPS）による二〇一七年の国内美容医療実態調査[1]によると、その前年の国際美容外科学会（ISAPS）の全世界統計と比べて、特徴があることがわかりました。美容手術の内訳を見ると、海外では顔に関するものが四割で体形に関するものが過半数を占めるのに対し、日本では顔に関するものが九割を占めていたのです。ちなみに日本での美容手術（二七万八五〇七件）で最も多かったのは「重瞼術（埋没、切開）」で、全体の四割以上を占めるということでした。モンゴロイドには一重瞼が多いためでしょうか。日本人女性は、目が大きいことが女性の魅力で、二重は目を大きく見せる効果があるという信念を持つようです。実際に化粧品会社では、「目が大きい＝魅力」の構造を前提として、目を大きく見せるメイクの効果を調べる研究が行われています(2)。

日本人が大きな関心を持っている顔は、人間社会では個人の識別のための役割を担っています。人以外の動物の多くは、遠くからの全身の見た目と、緊密に接近した時にはにおいをかぐことで相手を区別しますが、二足歩行となり、言語を獲得した人は、顔と顔をつき合わせて、会話をしながら相手を認識するように進化したのです。このように、顔は他人が認識するためのもので、自分でしげしげと見るものではありませんでした。他人に自分を認識してもらうために必須の顔を捨てたいというのは、人とのつながりを捨てたいということに近いでしょう。

自分の顔をしげしげと観察することが可能になったのは、鏡の発明によるものです。鏡を好んで使うのは、人の特性です。ちなみに人以外の動物の多くは、鏡を見せると、映った姿が自分であることを理解できず、鏡の裏に回って何かいないかを確かめたりします。そこで、鏡がわかる種が存在するかを調べるために、ミラーテストが発明されました。気づかれないように身体の一部に塗料を塗って鏡の前に立たせ、鏡に映った自分の姿を見て、塗料に気づいて触るかを調べる方法です。大型類人猿やイルカ、アジアゾウなど、様々な動物を対象に、鏡に映った姿を自分だと認識できるか調べる実験が行われています(3)。

中国で紀元前二世紀頃の銅鏡が発掘されるなど、鏡の歴史は古いです。また、ギリシャ神話では、ナルキッソスが水面に映った自分の姿に見とれて命を落としたと伝わっており、古代から人が自分の顔や身体を見つめてきたことがわかります。鏡や水面に映る自分の姿を眺め続けることが、自分の顔や身体に対するもどかしさという普遍的な苦しみの源になったのかもしれません。

偏見という攻撃にさらされる顔と身体

私たちの顔と身体は、常に人目にさらされ、評価され続けています。過剰で歪んだ評価であるルッキズムは、顔と身体に対する偏見や差別です。ルッキズムによる攻撃は、されるのも見かけるのも不快ですが、顔と身体がどのように扱われているかを理解する手がかりとなります。ルッキズムは、顔や身体に対する歪んだ概念によって作り上げられるものだからです。

第8章で説明した通り、ルッキズムという言葉が生まれたのは、肥満を理由とした差別に抗議する運動からでした。つまり、ルッキズムの出発点は身体からだったのです。身体にかかわるルッキズムは、「やせっぽち」「チビ」「デブ」など、身長や体形などのカテゴリに人をあてはめて攻撃します。大雑把なカテゴリに個人を振り分けたことにより、より多くの人が偏見の対象となった一方で、対象となった多くの人の反感を買い、理不尽さにいち早く気づけたのだと思います。出発点が顔であったら、個人の問題と片づけられていたかもしれません。いずれも差別的な言動に変わりませんが、ルッキズムはその対象を、顔であれば個人に、身体であれば特定の集団に帰属させるのです。

改めて考えると、大量生産された服や制服を着ることもあり、たいていは衣服で覆われている身体と比べると、顔では個別性が重視されます。顔がもし、制服を着た身体のように画一的になったとしたら、どうでしょう。目の前に同じ顔の人が並んでいる様子は、想像しただけでも気持ちが悪いでしょう。顔が個別性を失うことは、人々を混乱に導き、不快にさせるのです。人は、他人の顔を見ることにより、見た目を判断するだけでなく、個人を識別しているからです。社会生活を送る中で、顔の中から特定の顔が差異化されていき、他人の顔に出会うとまず、どれくらい近しい存在かを判断し、その上で見た目の判断をしているのです。

こうして自分の顔がどのように見られているかを考えると、なんだか居心地の悪い気分になります。ルッキズムでは、身体は見た目から集団にカテゴリ分けし、一方で顔は個人として識別した上で見た目を判断しています。だから、顔に対するルッキズムには、個人のパーソナリティにずかずかと踏み込まれたような不愉快さが感じられるのではないでしょうか。

思い通りにならない人生を知るための顔と身体

VRなどの技術も進展し、仮想空間のアバターとして自由に顔や身体を作り上げることが可能となった昨今、人々の自分の顔と身体に対する思いは変わったのでしょうか。アバターはマニアの世界での利用を超えて、ゲームやチャットといったエンターテインメント市場に進出し、爆発的に普及する機会があり、コロナ禍では、失われた対面での出会いを補完するものになるのではと期待されました。ビジネス場面で、接客に、あるいは名刺代わりにアバターを使うようにもなりました。ただしそこで使われるアバターは、エンターテインメント市場で使われるような全く別人格のキャラクターというよりも、自身の顔や身体に似せた似顔絵の延長というものが多くなっているようです。それは、自分の顔と身体の拘束を捨て去ることができない人々の心情を反映しているように思います。

やはり、顔や身体は自分の存在証明でもあるのかもしれません。本書で語ってきた、病を持った身体へのやるせない思いを抱えながら、それでも傷んだ身体とともに生きる意味を考えてみるにつけ、自分の顔や身体こそが、自分の人生の一番の同伴者と言えるような気がします。

顔や身体への執着

だとすれば、その顔や身体を失うことは、どのような意味を持つのでしょうか。それは死を考えることと直結します。もちろん死者に、自分の顔や身体をどう思うか話を聞くことなどできないので、親しい人を亡くした場合、その顔や身体をどのように思い、扱うかという点から、顔と身体への執着を考えようと思います。

たとえば、幽霊や亡霊の存在についてです。幽霊とは、亡くなった人に対して、良くも悪くも強い感情があるために、見えるのでしょう。それらは、亡くなった人の顔、姿かたちやそこから発する声として現れます。いわば、顔と身体の幻影です。さらに、亡くなった人を偲ぶ遺影や銅像の存在を考えると、亡くなった人との強い感情的つながりは、墓石にその名前を記すだけでは満たされないことが理解できるでしょう。顔や身体の存在が必要なのです。一方で最近では、著名な故人の姿をＡＩで再現することができるようになり、賛否両論が巻き起こっています。故人に強い親しみを感じている人ほど、ＡＩでの再現を冒瀆と感じるかもしれません。それも亡くなった人の顔や身体への執着によるものではないでしょうか。

亡くなった人の顔や身体への執着には文化差があるようにも感じます。そもそも宗教によって遺体の埋葬の仕方も違えば、遺体への思いの断ち方も違うのではないでしょうか。それに気づいたきっかけは、大学院の授業で、当時東大教授だった養老孟司先生が、「現代日本では、死を隠し過ぎる。昔の日本人にとって、死はもっと身近だった」という語りのもとに示された「九相図」でした。九相図とは、捨てられた死体が腐り、獣や鳥に食い荒らされ、白骨化するまでの変遷を、九つの段階に分けて詳細に描いた仏教絵画です。九相図の研究(4)によると、九相図は観想することによって肉体への執着を減らす、仏教の修行に由来するものだそうです。古いものでは六世紀から七世紀にかけて、シルクロードの要所として栄えた中国・新疆ウイグル自治区トルファン郊外のトヨク石窟に見られるそうです。中国でも漢詩として残っているとのこと、九相図は中国から伝わり、日本で熟成されていったようです。

現代社会では死体を目にする機会がないため、私も九相図に強い衝撃を受けたのですが、同じ日本であっても九相図が多く描かれた中世では、人生観も全く異なっていたのでしょう。中世には多様な九相図が存在しましたが、絶世の美女とされた小野小町はじめ、美しい女性を描いたものが多く、すべてのものは絶えず変わり続け、長くは続かないという無常観を表しています。無常観は『方丈記』などにも通じる、仏教的人生観だと言われていますが、死が身近だった当時はこうした考え方が受け入れられていたのかもしれません。

ところで、二〇二三年の展覧会で目にしたタイの現代美術の映像作品には、九相図以上の衝撃を受けました。なんと、実際の遺体が題材として使われていたのです。アラヤー・ラートトチャムルーンスックの《授業》（二〇〇五年、森美術館所蔵）という作品で、「複雑な感情をもたらす呪いを帯びたユーモラスな作品」と作家は伝えているそうです。白い布がかけられた金属トレーの上に置かれた六人の遺体を前に、作家自身が遺体に問いかけながら講義する様子を映しており、歴史的、文化的、哲学的な観点から死の扱い方を論じ、遺体に向かって自身の視点や経験を共有するように促したりもしています。鑑賞者の個人的な道徳観や寛容さを挑発したと言われていますが、私は眩暈がするほどの衝撃を感じました。会場では、作品を見なかったように避けている人々もいたように思います。仏教の国であるタイでは、九相図の背景にもあった無常観が根づいているのかもしれませんが、死から距離を置くようになった現代の日本では、たとえ美術作品であっても遺体を扱うことには強いためらいがあるように思います。中世の日本では九相図が受け入れられていたことを思うと、タイでは《授業》という作品がどのように受け取られているのかについて、強い興味がわきました。魂が去った身体を扱うことに対する時代や文化の差を、もっと知りたいと感じたのです。

実は、私はアメリカでの短期滞在中に、ミネアポリス高速道路崩落事故に遭遇したことがあります。二〇〇七年八月一日、ミネアポリスのレストランで滞在先のホストや友人と一緒にディナーを取っていた時のことでした。ミシシッピ川と州都を渡す大きな橋の一つが、突然目の前で崩落したのです。一九六七年の開通以来、一日に約一四万台の車が往来する、ミネソタ州で三番目に交通量の多い橋で、夜のラッシュ時の崩落事故でした。一三人死亡、一四五人の負傷で、死亡した被災者の収容に三週間以上かかったそうです。翌日には、借りていたマンションのベランダから大統領専用機が来るのが見えました。復旧作業は極めて迅速で、ソナーや潜水艦、海軍の潜水チームによる潜水作業など、復旧完了まで二四時間体制で作業が実施されたそうです。この迅速な復旧が大々的に報じられるのを眺めながら、これが日本であったならばもう少し被害者目線で報じられるのでは、とふと感じたのです。

被害の大きさや事故の原因があまりに違うので比較にならないかもしれませんが、実際に、二〇一四年の韓国セウォル号沈没事故や、二〇二二年の日本の知床遊覧船沈没事故の際には、遺族の悲しみに焦点があてられ、誰もが手を尽くして遺体を探し続けることを支持し、その様子が連日報じられました。これは、日本や韓国では、システムの復旧というよりは個人への共感を重視すること、何より、失われた身体に対する思いへの共感がとても強いことを感じさせる出来事でした。それは、東日本大震災の津波被害の報道にも表れていたように思います。津波でさらわれた故人の身体が見つかるまで浜辺に通い、探し続ける遺族の姿に、誰もが共感したことでしょう。

亡くなった身体を抜け殻と扱うか、人格を反映するかについては、文化や時代が色濃く影響しているように思います。死が身近だった九相図の時代と比べると、現代の日本では死んだ身体に対して、無常と突き放せず、執着する傾向があるのではないでしょうか。あるいは、死が身近だった時代にも、日本人には同じように亡くなった身体に執着する傾向があったからこそ、無常観を教えるための九相図が必要だったのかもしれません。

亡くなった人が顔や身体をなくした後でも、人はつながりを求めます。あらゆる国や文化の人々が、様々なかたちで、亡くなった人と出会える場や機会を設定してきました。墓の存在もその一つですが、亡くなった身体と別れるための儀式や、その埋葬の仕方は、宗教や文化によって異なります。文化や宗教が違うと、ギョッとするようなこともあります。古代キリスト教信者が造った地下墓所カタコンベに並ぶ骸骨や、キリスト教の絵画や西洋の絵画に骸骨がちらりと登場することなども、日本人からすれば奇妙なものです。さらに言えば、西洋を起源とするキュートなハートマークも、元をたどれば心臓だったと思うと不気味です。西洋では魂をハートである心臓に託すのに対し、日本の昔話では魂の代わりとして肝が出てくるのも、西洋の人からすると不気味なことなのかもしれません。それぞれの違いを尊重するためにも、顔と身体という素朴な観点から理解していくことが大切だと思います。

引用文献

（1）JSAPS 調査委員会「第1回全国美容医療実態調査最終報告書」二〇一九年（https://www.jsaps.com/explore/1st.html）。

（2）Matsushita, S., Morikawa, K., & Yamanami, H. (2015). Measurement of eye size illusion caused by eyeliner, mascara, and eye shadow. *Journal of Cosmetic Science, 66(3)*, 161-174.

（3）渡辺茂「動物の自己意識」開一夫・長谷川寿一（編）『ソーシャルブレインズ――自己と他者を認知する脳』東京大学出版会、二〇〇九年。

（4）山本聡美『九相図をよむ――朽ちてゆく死体の美術史（増補カラー版）』角川書店、二〇二三年。

あとがき

このあとがきを書いている二〇二五年、ガーン以来、七回目の冬が終わろうとしています。手術で切り刻まれ、化学治療で痛めつけられた身体のバランスを取り戻すことが、いかにたいへんかを実感する毎日でした。しかし、がんにでもならない限り、元来運動音痴で身体を動かすことにも関心のない筆者は、自身の身体にまじめに向き合うこともなかったでしょう。このエッセイでは、身体について、顔の特殊性も取り上げながら、自分の経験や関連分野の研究知見から、深堀りしてみました。

本書では、身体感覚が心に及ぼす影響、表情の重要性、感情の読み取りと共感、顔認識の移り変わり、ルッキズム、ジェンダー問題、病や死をどう受け止めるべきかなど、私たち人間が他者とかかわり合いながら生きていく上でぶつかる、顔や身体にまつわる様々な痛み、矛盾を取り上げています。

本書の中でも「顔は誰のものか」問題と記したように、身体の中でも顔は特別な立場にあると言えます。なぜならば顔には複数の側面があって、顔を見る他者からすれば相手の様子や表情を読み取るもの、顔を持つ当人からすれば自身のアイデンティティの象徴でもあります。そのバランスが絶妙で、どちらを重視するかは個人によっても違うし、文化によっても異なるからです。そんな各人の主観に陥りがちな顔については、あえて客観的なデータのお話を中心にしています。

一方の身体は、他者にとっては物理的に存在する対象であるとともに、当人にとっては「どのように動かすか」という一人称視点の対象でもあります。そのため、身体については、闘病などの経験を交えた一人称視点の話を中心にしてきました。

科研費新学術領域研究「トランスカルチャー状況下における顔身体学の構築――多文化をつなぐ顔と身体表現（略称：顔・身体学）」が採択され、軌道に乗りかけた最中のガーンな体験、それに続くコロナ禍と、不自由な身体と格闘する状況が続きました。困難な状況で、うずくまってはならないと、アクセルを踏み続けていたのだと思います。目の前のことでいっぱいで、ぐちゃぐちゃになりそうな記憶を整理せねばと思ったことが、この本のはじまりとも言えます。当時のことを思い出しながら読み返すと、疾走していた記憶が中心で、周りの景色は薄れがちです。運動神経が最悪だった私が唯一取り組んだスポーツである卓球は、身体を動かすよりも視覚の予測の闘いで、自分に向き合う競技であり、団体競技の賑やかさはありません。その卓球の試合の時と同じように、がむしゃらに集中してきた中で、背景にそぎ落としてしまったものはなかったか、と反省がよぎります。

私は火が付いて集中すると周りが目に入らなくなってしまう一方で、周りを気にしだすと、今度は自分の乗ったボートをひっくり返してしまうような不器用なタイプです。異分野が協働して新しい領域を作り上げる新学術領域では、「顔・身体」という同じ対象を扱っていても、そもそもの専門の違いという壁があり、決定的な用語の定義の違いから、多くの議論を重ねる必要がありました。それぞれの分野の研究の歴史的背景を語り合い、互いの違いの理由と本質に向き合う場は、大きな学びの喜びを与えてくれました。時には衝突しながらも、あきらめずに互いを知り合い、そこから新しいものを作り上げる作業は、心から楽しいものでした。そのような場を一緒に作ってくださり、不器用な私を支えて、一緒に走り抜けてくださった領域関係者や研究室の方々には、感謝の言葉も見つかりません。

年を経て、少しずつ周りの景色を気にするようになった今、さらに健康な身体を目指してトレーニングをしています。そこで新たに気づいたのは、開腹手術とリンパ切除のために、お腹に力が入らなくなったことです。ひょっとすると中年太りのためかもしれませんが、お腹に力が入らないというのは、今の言葉なら体幹、昔の言葉なら丹田がダメダメということで、根本からのバランスが悪く、まったく話にならない状態です。それでバランスが悪かったのかと、われながら笑うことしきりです。ちなみに、本書でも触れた抗がん剤後の足の指先のしびれやふくらはぎの冷えは、足の指先が固まっていたためということもわかりました。術後のリハビリがあれば、早めに気づけたことでしょう。同志に向けて、最後に記しておきます。

振り返ってみれば、顔や身体をめぐる様々な問題を前に、異なる土俵で切磋琢磨してきた人たちが出会い、ぶつかり、互いの違いを把握しながら乗り越えるという経験は、人生そのものと言えるかもしれません。読者の皆さんとともに、丹田を鍛え、これから先の様々な出会いに正面から向き合い、バランスを取って乗り越えていきたいと思うのです。

二〇二五年春

山口真美

著者紹介

山口真美（やまぐち　まさみ）

1995 年　お茶の水女子大学人間文化研究科単位取得満期退学
1998 年　博士（人文科学），お茶の水女子大学
現　在　中央大学文学部教授
主　著　『視覚世界の謎に迫る——脳と視覚の実験心理学』（講談社ブルーバックス，2005），『自分の顔が好きですか？——「顔」の心理学』（岩波ジュニア新書，2016），『赤ちゃんの視覚と心の発達　補訂版』（東京大学出版会，2019），『こころと身体の心理学』（岩波ジュニア新書，2020），『顔身体学ハンドブック』（共編，東京大学出版会，2021）ほか．

ままならぬ顔・もどかしい身体
——痛みと向き合う 13 話

2025 年 4 月 24 日　初　版　第 1 刷

［検印廃止］

著　者　山口真美

発行所　一般財団法人　東京大学出版会

代表者　中島隆博
153-0041 東京都目黒区駒場 4-5-29
https://www.utp.or.jp/
電話 03-6407-1069　Fax 03-6407-1991
振替 00160-6-59964

印刷・製本　大日本法令印刷株式会社

ISBN 978-4-13-013319-7　Printed in Japan